引体向上

训练手册

方旭东　刘佳　高延松◎编著

人民邮电出版社

北 京

图书在版编目（ＣＩＰ）数据

引体向上训练手册 / 方旭东，刘佳，高延松编著
. -- 北京 : 人民邮电出版社，2022.5
ISBN 978-7-115-57183-0

Ⅰ．①引… Ⅱ．①方… ②刘… ③高… Ⅲ．①运动训
练—手册 Ⅳ．①G808.1-62

中国版本图书馆CIP数据核字(2021)第171789号

免责声明

作者和出版商都已尽可能确保本书技术上的准确性以及合理性，并特别声明，不会承担由于使用本出版物中的材料而遭受的任何损伤所直接或间接产生的与个人或团体相关的一切责任、损失或风险。

内 容 提 要

本书由"向上吧，中国！"全国全民引体向上大赛发起人、组织策划者方旭东和职业体能训练师刘佳及高延松合力打造，对引体向上训练的注意事项、解剖学机理、热身及恢复方法、标准引体向上的正确做法、针对主要参与肌肉的训练方法、循序渐进的进阶方法以及针对不同水平人群的训练方案等进行了细致讲解。本书采取超细致图解的方式展示动作要点，并通过详细的文字描述阐释实操过程中的注意事项，以通过系统的训练体系和专业的训练指导给读者的引体向上训练带来帮助。

◆ 编　著　方旭东　刘　佳　高延松
责任编辑　林振英
责任印制　马振武

◆ 人民邮电出版社出版发行　北京市丰台区成寿寺路 11 号
邮编　100164　电子邮件　315@ptpress.com.cn
网址　https://www.ptpress.com.cn
廊坊市印艺阁数字科技有限公司印刷

◆ 开本：700×1000　1/16
印张：8.5　　　　　　2022 年 5 月第 1 版
字数：138 千字　　　2025 年 11 月河北第 14 次印刷

定价：59.80 元

读者服务热线：(010)81055296　印装质量热线：(010)81055316
反盗版热线：(010)81055315

努力拼搏，人生向上

———————— 彭于晏 ————————

  第一次与本书作者之一的刘佳教练的合作发生在我拍摄电影《热带往事》进组之前，刘佳教练为我量身定制了一整套运动与饮食相结合的高效减脂法，并时时"监管"与陪练，帮助我在短时间内成功减重，从而与角色更加贴近。在过往的拍摄过程中，增肌的经验不少，但快速减重且尽可能少消耗肌肉的经验实属首次，事实证明刘佳教练的方法合理、高效且健康，而他掌勺的美味减脂餐更是意外福利，让我深刻体会原来"水煮一切"并非减脂期的唯一选择。

  《热带往事》《紧急救援》和《第一炉香》是我与刘佳教练合作的三部戏。在他的指导之下，我尽力完成着不同角色对于身体状态的差异化需求，以及不同身体状态之间的良性转换，我深知一个时刻准备好的身体状态是演员不可或缺的能力，但这绝不仅限于演员。每一个人的身体状态决定了他生活质量的基线，而后天的身体状态如何则很大程度上取决于自我的塑造。

运动是我生活的一部分，像吃饭、睡觉、呼吸一样自然，一样带给我正面的感受，无论是在心理层面还是生理层面皆是如此。外形塑造只是运动成果中的一部分而已，我更看重的是运动带给我的自我挑战与成长。这是一门与自己博弈的功课，当你的强壮来自于内心，你收获的强大能量与自然散发的吸引力，是单纯追求塑形所不可比拟的。你会知道，没有什么可以打倒你。

良好有效的运动是培养健康生活态度的绝佳途径，这也是我一直追求的。对我而言，运动并不与塑形、减脂画等号，抛开演员工作的特殊性不谈，我的目标不是体脂率更低或肌肉更壮，而是通过适合自己的运动方式与强度，达到健康自然的生活态度，并享受这一过程带来的愉悦与自信。与其说运动是认知外界环境的一种方式，不如说是认识自我的一种途径，它帮助我找到自己更多变化的可能性。

在与刘佳教练共同运动、共同进步的过程中，引体向上是我们经常锻炼的动作之一，它可以很好地练习上肢拉力，锻炼背部及手臂肌肉的同时，很好地练习核心控制力。这本书从引体向上的肌肉解剖学知识开始，对如何热身及恢复、引体向上的做法和技术动作要点、主要肌群的力量训练、专项训练动作的变式、训练计划等都做了详细的介绍，并配上了图片和视频参考。按照这些指导进行一个阶段的训练，相信你可以完成第一个和许多个引体向上。

运动如此，人生亦然。过怎样的人生，是我们自己的选择。当梦想总是高你一头，便自然有了一种向上的力量，时刻牵引着你仰望、攀登，而后接近、达成。经过练习，相信你也可以完成一个完美的引体向上，因为：

努力拼搏，人生向上。

目　录

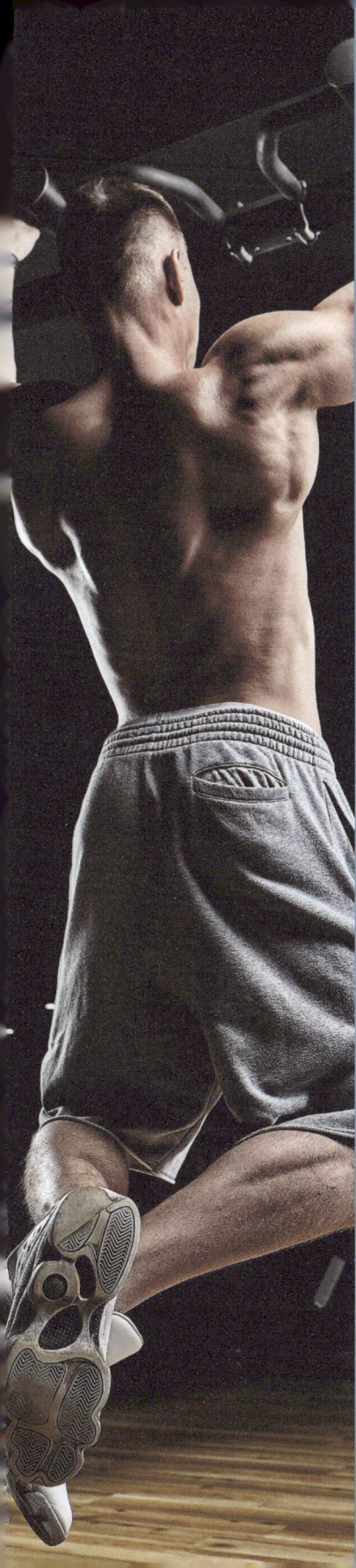

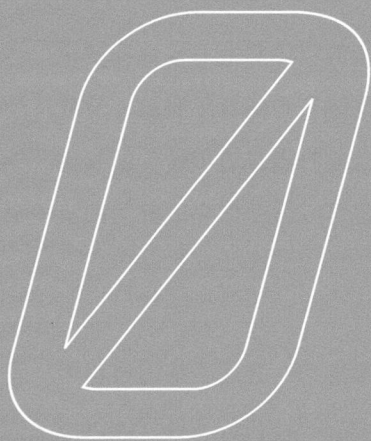

CHAPTER

第一章
关于引体向上

欢迎打开《引体向上训练手册》。

也许你是一名中学生，迫切地需要完成中考的引体向上考核达标要求；也许你是一名健美爱好者，希望通过引体向上来打造宽厚有力的背部肌群；又或许你是一名街健爱好者，期待突破自己的引体向上次数，追赶上身边小伙伴的步伐。无论你出于何种目的打开本书，我们都希望本书的内容可以帮助你完成此后的第一个和之后的许许多多个的引体向上。

引体向上（Pull-up）是一个闭链的上肢力量练习。在这个练习过程中，躯干由双手固定悬空，并向上拉起。此时，肘部屈曲，肩关节内收，以将身体向上拉起。

说起复合训练，可能有那么几个动作会快速进入你的脑海：硬拉、卧推、深蹲……引体向上同样是一个复合训练动作，有了它的参与，才能构建起完整的下肢推（深蹲）拉（硬拉）及上肢推（卧推）拉（引体向上）的全身性功能框架。引体向上需要背阔肌、斜方肌、菱形肌、三角肌、肱二头肌、小臂屈肌等上半身肌群协同发力，以一种自然的方式增强上半身的整体力量。另外，引体向上对于器械的要求极少：健身房、公园、学校、家中……随时随地，只要能找到一根足够高的平行于地面的杆子，甚至凸起的墙体，都可以完成引体向上（当然，请不要在地铁和公交车里做引体向上）。

引体向上有两个主要形式，即正手引体向上（Pull-up，在本书后面的内容中简称为正手引体或引体）和反手 / 中立位引体向上（Chin-up，在本书后面的内容中简称为反手 / 中立引体）。正手引体和反手 / 中立引体的主要区别有以下几个。

第一个区别是握法不同。正手引体向上采取的是正握（Overhand，图 a），即手掌心面向外部、远离身体的方向，并且握距通常略大于肩宽；反手 / 中立引体采

取的是反握（Underhand，图 b）或中立握（Neutral，图
c），即手掌心面向自己（反握），或手掌心相对（中立
握）。在反手 / 中立引体中握距通常为与肩同宽。

握法：

图 a 为正握；

图 b 为反握；

图 c 为中立握

a

b

c

第二个区别是动作过程不同。虽然都是发生在额状面上的垂直上拉动作，并且同样刺激背部肌群和肱二头肌，但稍有不同。正手引体通常更多依靠肩关节内收，两个肘部会相对于身体从两侧向下、向内移动；反手 / 中立引体则更多依靠肩关节伸展，两个肘部相对于身体从前侧向下、向内移动。因此，正手引体和反手 / 中立引体对肌肉的刺激的确稍有不同，但区别并没有大到其中一个动作绝对比另一个更好的程度。

第三个区别是肌肉的参与程度不同。虽然主要训练的都是背部肌群（以背阔肌为主）和肱二头肌，但这些肌肉被激活的程度略有不同。因为肱二头肌的功能为屈肘及外旋小臂，而在反手引体中小臂也正好处于外旋位置，所以从解剖学角度而言，相较于正手引体，反手引体对肱二头肌会产生更多的刺激。背阔肌的主要功能是伸展及内收肩关节，在同样握距的正手引体、反手 / 中立引体中，对背阔肌的刺激程度相似；但在宽握正手引体中，可以激活更多的背阔肌。

可能你看完以上的内容还是一头雾水。别担心，本书在后面的章节中，会更加详细地讲解不同握法之间的区别，以及引体中所涉及的每块肌肉的解剖学功能。要记住的是，不要过于夸大不同引体握法对肌肉的影响。

也许你经常会听到有人说，如果想锻炼肱二头肌，就一定要做反手引体；如果要锻炼背部肌群，就必须要做正手引体；中立引体太简单，一定要做正手引体才有用；等等。事实上，尽管在肌电图测试中，不同握法所引起的肌群激活程度略有区别，但都没有大到可以得出某种握法一定可以更明显地刺激某个肌群的程度。在训练中，不管正握、反握还是中立握，能把自己拉起来就是好的引体握法。因此，希望你在训练时不要拘泥于类似的细节，而是重点关注完成动作本身，做一个高效率的行动者：突破极限，不断向上！

CHAPTER

02

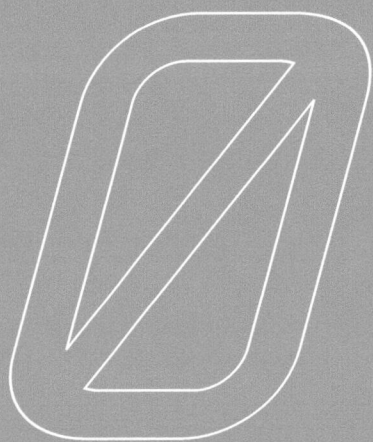

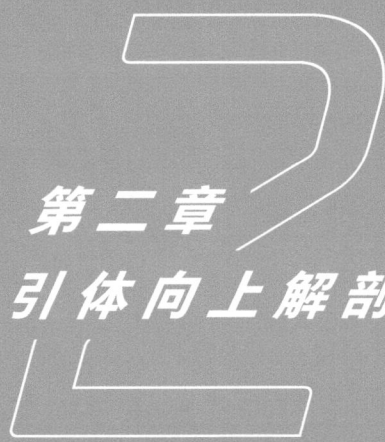

第二章
引体向上解剖学

在引体向上的过程中，有数个或大或小的肌群参与，其中有像背阔肌、肱肌这样的主动发力肌群，也有像腹内斜肌、腹外斜肌、指长屈肌、指短屈肌这样通过静力收缩来协助完成动作的辅助肌群。

本章将简单介绍引体向上中所涉及的主要发力肌群的起止点、解剖学功能及其在引体向上中所扮演的角色。希望在了解相关的解剖学知识后，你能对引体向上中所涉及的生物力学有更加透彻的认识。

肩胛骨的内收

斜方肌

起　　点　a. 枕骨（上项线、枕外隆凸）

　　　　　b. 颈部

　　　　　c. 颈椎和胸椎（第 7 颈椎棘突 ~ 第 12 胸椎棘突）

止　　点　a. 锁骨（外侧端 1/3）

　　　　　b. 肩胛骨（肩峰、肩胛冈）

主要功能　a. 上部：抬升肩带

　　　　　b. 中部：回收肩胛骨

　　　　　c. 下部：下沉肩膀

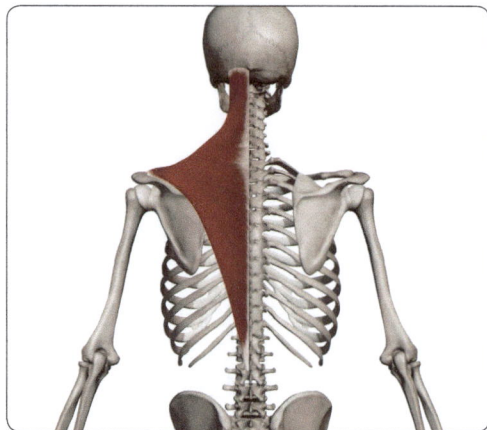

介　　绍

　　斜方肌是一块从颈椎延伸到胸椎的扁平、宽大的表层肌肉。斜方肌主要分为 3 个部分：上部、中部和下部。斜方肌通过其在锁骨及肩胛骨上的固定点控制肩胛骨，并通过对颈椎的控制平衡头部位置。在正确的引体向上动作中，我们需要通过斜方肌将肩膀下沉，同时回收肩胛骨，从而使背阔肌处于正确的发力前预备位置。

菱形肌

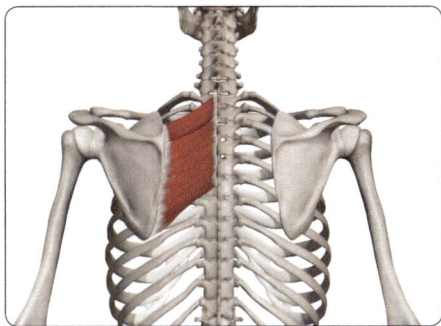

起　　点　a. 第 6~7 颈椎棘突（小菱形肌）

　　　　　　b. 第 1~4 胸椎棘突（大菱形肌）

止　　点　肩胛骨内侧缘下半部

主要功能　a. 使肩胛骨回缩

　　　　　　b. 使肩胛骨抬升

　　　　　　c. 使肩胛骨下回旋以下沉肩关节

介　　绍

　　菱形肌实际上是由两块肌肉组成的，即大菱形肌和小菱形肌。这两块菱形肌位于斜方肌的下方深处，和斜方肌平行地将脊柱与肩胛骨的内侧缘连接在一起。大菱形肌是一块浅薄扁平的肌肉，而在其上方的小菱形肌只有大菱形肌的一半大且偏厚。通常情况下这两块菱形肌是分开的，它们之间会有一个较小的空间；但在有些情况下，这两块肌肉可能会融合形成一整块肌肉。在引体向上中，菱形肌与斜方肌的功能相似，都可以帮助回收肩胛骨，以便背阔肌发力。

肩关节的内收

背阔肌

起　点　a. 第 7 胸椎 ~ 第 5 腰椎（棘突）

b. 骶骨（髂嵴）

c. 胸腰筋膜

d. 最下方的 3~4 根肋骨

止　点　肱骨小结节嵴

主要功能　a. 使上臂在肩关节处内收

b. 使上臂在肩关节处伸展

c. 使上臂在肩关节处内旋

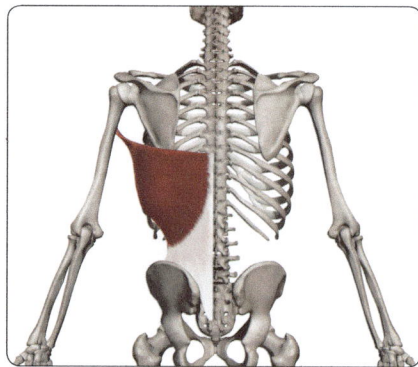

介　绍

　　从名字就可以看出，背阔肌是人体中面积最大的肌肉之一。背阔肌的形状为三角形，并在后背中部被斜方肌部分覆盖。背阔肌在引体向上中的一个主要功能便是伸展肩关节——这是引体向上中的几个主要肌肉动作之一。在做引体向上时，背阔肌牵引上臂并使其更加靠近身体，这让身体能够抬起并向引体杆移动。

三角肌（后束）

起　　点　　肩胛骨（肩胛冈）

止　　点　　肱骨（三角肌粗隆）

主要功能　　a. 使上臂在肩关节处外展

　　　　　　b. 固定肩关节

　　　　　　c. 协助背阔肌伸展上臂

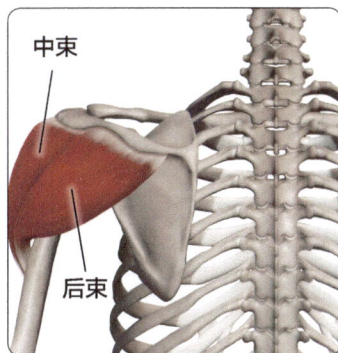

介　　绍

　　三角肌是固定在肩膀及上臂的圆形肌肉。三角肌有 3 条肌束，分为前、中、后 3 部分。因为 3 条肌束分别有各自的起点，因此每条肌束的作用也不尽相同。在引体向上中，三角肌后束将与背阔肌一起伸展肩关节，将身体拉向引体杆。

大圆肌和小圆肌

大圆肌

起　　点　　肩胛骨（下角的背面）

止　　点　　肱骨小结节

主要功能　　a. 使上臂在肩关节处内收

　　　　　　b. 使上臂在肩关节处内旋

　　　　　　c. 使上臂在肩关节处伸展

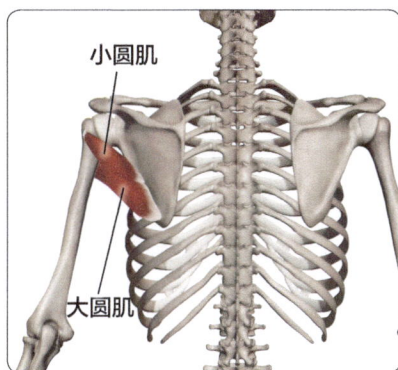

小圆肌

起　　点　肩胛骨（外侧缘的上 2/3）

止　　点　肱骨（大结节）

主要功能　a. 使上臂在肩关节处外旋
　　　　　b. 协助肩关节内收与伸展

介　　绍

大圆肌与小圆肌的名字相似，但功能上有明显区别，因此将两者放在一起对比介绍，以避免混淆。

大圆肌是一块起始于肩胛骨下角背面、嵌入肱骨前侧肱骨小结节沟的小肌肉——非常靠近背阔肌的嵌入点。大圆肌可以完成背阔肌对肩关节施加的所有动作，这也是为什么大圆肌经常被称为背阔肌的"小兄弟"。背阔肌与大圆肌都是肩关节的内旋肌和伸展肌。

小圆肌是肩袖的一部分。尽管小圆肌在大圆肌上方，起始于肩胛骨外侧缘，但是它最终绕到了肱骨的后侧，并嵌入肱骨（大结节）的靠下部分。小圆肌与冈下肌一起负责肩关节的外旋。

由于大圆肌固定在肱骨前侧（负责内旋肩关节），而小圆肌固定在肱骨后侧（负责外旋肩关节），所以它们对肩关节旋转的牵引方向是相反的，但这两块肌肉都在引体向上中协助背阔肌发力。

手臂屈曲

肱肌

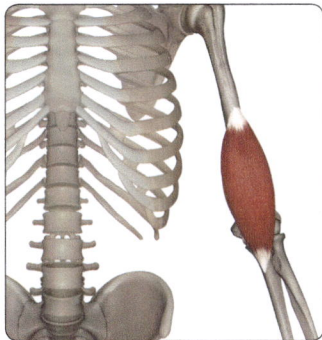

起　　点　肱骨（远端前侧）

止　　点　尺骨（冠状突及粗隆）

主要功能　屈曲肘关节

介　　绍

　　因为被上方的肱二头肌覆盖，所以肱肌成了一块经常被忽视的肌肉。事实上，肱肌是最强壮的手臂屈肌；尽管位于表层的肱二头肌吸引了我们大部分的注意力，但肱肌能够比肱二头肌多产生约 50% 的力量使手臂屈曲。在引体向上中，我们需要肱肌的力量来完成动作的上半部分，肱肌的力量能使我们的手臂屈曲收紧，让身体贴近引体杆。

肱二头肌

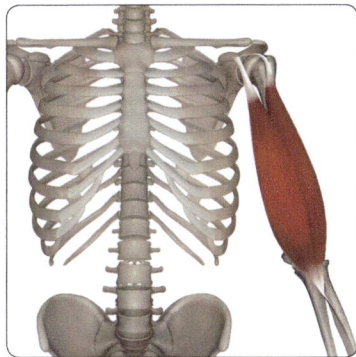

起　　点　a. 长头：肩胛骨（盂上粗隆）

　　　　　b. 短头：肩胛骨 （喙突）

止　　点　a. 桡骨（粗隆）

　　　　　b. 小臂筋膜

主要功能　a. 手臂伸直时：肱二头肌只是纯粹的肘屈肌，直到手臂屈曲 90 度

b. 手臂 90 度屈曲且旋后时：能够最有效地屈曲肘部

c. 手臂 90 度屈曲且旋前时：最主要的小臂旋后肌

介　　绍

　　肱二头肌，位于上臂的前筋膜室。肱二头肌穿过 2 处关节，并能够在肩关节和肘关节产生活动。顾名思义，肱二头肌由 2 个肌束组成，分别是长头与短头。虽然起始点略有不同，但肱二头肌的长、短头都是从肩胛骨开始的，并逐渐形成一条肌腹，固定在小臂的上方。尽管位于表层的肱二头肌看起来占据了整条上臂前侧，但实际上，前文中提到的肱肌才是肘关节屈曲的主要肌肉。而肱二头肌与小臂上的肱桡肌则是辅助肌，在引体向上的过程中帮助肱肌将肘关节屈曲，使上臂贴近小臂。

第三章
引体向上训练的热身及恢复

训练的热身及恢复环节通常以较慢的速度和较低的强度进行，以便身体做好训练的准备，或促进身体从训练中逐步恢复。

在进行引体向上训练前，一次良好的热身可以使关节适应拉力，防止受损；使肌肉提前充血，以便在训练中获得更多的氧气及养分；提高神经的兴奋性并加强脑部对肌肉的控制，让肌纤维在训练时能够更好地被募集。另外，有针对性的肌肉激活可以更好地提升稍后训练中的运动表现。因此，如果想通过热身来最大化地提升引体向上的收益，那么热身中所包含的肌肉激活元素（如所使用的肌群、肌群的发力模式）应当与引体向上的主要参与肌肉具有高度的一致性。

引体向上后的恢复主要包括对训练中使用的目标肌肉进行拉伸和放松。在有氧或力量训练结束之后，各个肌小节横桥间可能产生紧缩，使肌肉长度缩短。因此，适当的拉伸和泡沫轴（或筋膜球）放松可以帮助肌肉恢复训练前的张力及长度。训练后的拉伸可能会缓解肌肉的酸痛，但该结论仍需要更多的研究来支持。

在练习引体向上时，推荐的训练流程为：拉伸—激活—正式训练—泡沫轴放松—拉伸。

接下来，本章将分板块逐个介绍不同的肌肉激活、泡沫轴/筋膜球放松和拉伸动作。

肌肉激活

肩胛骨迷你带飞鸟

其他角度

其他角度

动作要点

● 身体呈站姿，将迷你带套在小臂处。如果想让这个动作更简单一些，可以让迷你带靠近肘部；如果想增加难度，可以让迷你带靠近手腕。

● 将手臂抬高至肩膀位置，身体直立（图a）。

● 挺胸，收紧肩胛骨，接着两只手臂尽可能远地将迷你带向两侧拉开（图b），体会两侧肩胛骨之间的肌肉发力的感觉。

● 在尽可能远地拉开迷你带之后，有控制地缓慢回到初始位置。

注意事项

在做这个动作的时候一定要注意控制，以对抗迷你带向内的拉力。

肩胛骨弹力带展开

与上一个动作类似，弹力带展开也是很好的激活肩胛骨与上背部肌肉的动作。

动作要点

● 身体呈站姿，两只手臂伸直，处于肩膀高度，双手抓住弹力带的两端（图 a）。握距越小，难度越大；握距越大，难度越小。也可以选择不同的抓握方式，手心向上握难，手心向下握简单。

● 身体直立，挺胸，收紧肩胛骨，接着两只手尽可能远地将弹力带向两侧拉开（图 b），感受上背部肌肉拉伸的感觉。

● 当身体呈"十"字形时停止，并有控制地返回至初始位置，接着重复动作。

注意事项

应选用阻力较小的弹力带，以避免身体后仰代偿，否则会给腰椎施加过多压力。

高位下拉迷你带变式

其他
角度

动作要点

● 将迷你带套在小臂上，双臂向上伸直（图a）。迷你带离肘部越近，动作越简单；离手腕越近，动作越困难。小臂尽可能垂直于地面。

● 挺胸，肩胛骨向下向后收紧，并下拉肘部使迷你带向下移至胸前（图b）。在动作过程中尽量全程保持小臂垂直于地面。

● 慢慢将小臂向上移动，保持身体各个部位的姿态不变，臀部收紧，腰背挺直。

● 直到觉得无法向上继续移动后，慢慢沿原路线返回下拉位置。

注意事项

在向上伸展手臂时不一定必须要完全伸直手臂，只要达到自己能控制的最大活动范围即可。做这一动作的时候不要追求速度，要注意控制。

半跪姿单侧迷你带划船

动作要点

● 身体呈半跪姿,将迷你带的一端放在前脚的脚底,另一端用对侧手抓住。腰背挺直,上半身微微前倾(图a)。

● 握着迷你带的手臂向前脚方向伸直,接着肘部向后向上拉(图b)。

● 之后慢慢随着迷你带的拉力伸直手臂。确保腰背全程保持挺直,核心收紧。

● 在一侧完成所有的动作,达到规定次数后换侧。当手臂换侧时腿也要交换,始终使用不同侧的手和腿来完成动作。

动作变化

如果想让动作更难一些,可以用阻力更大的迷你带,或者放慢动作速度,并且在动作末端停顿数秒。

注意事项

在做划船动作时确保核心收紧,上身不要向侧面扭转,也不要耸肩。感受背部肌肉的发力。

站姿弹力带划船

动作要点

● 将弹力带绕过一根柱子或支架，双手各握住弹力带的一端。身体呈运动姿，双脚与髋同宽，微微屈髋，腰背挺直。

● 双臂伸直，让弹力带微微保持有张力的状态。肩胛骨前伸，并让两侧拇指指向地面（图a）。

● 先收紧肩胛骨并挺胸，再用肘部引导动作，向正后方拉紧弹力带，保持重心稳定（图b）。

● 之后有控制地将弹力带放回并重复动作。

其他角度

注意事项

拉的过程中确保双肘沿着身体两侧移动。在拉的同时也可以逐渐向上旋转拇指，这样可以帮助背阔肌完全收紧。

鸟犬式

鸟犬式是很好的激活下背部肌肉的动作。

动作要点

● 身体呈四点支撑式固定在垫子上，双手置于对应侧的肩膀下方，双膝置于对应侧的髋部下方。

● 抬起右臂使其沿着耳朵方向向前伸直；同时抬起并伸直左腿，完全收紧左侧的臀部（图a）。这是动作的初始状态。

● 屈曲右臂及左腿，使其向身体中部移动。弯曲脊柱，让右肘与左侧膝盖轻轻触碰，收紧腹肌并呼气（图b）。

● 之后吸气并伸展脊柱，让右臂和左腿各自回到初始位置。

● 在一侧完成指定的重复次数之后换侧做这一动作。

注意事项

全程保持重心稳定，不要左右晃动，并注意保持呼吸节奏。

肩胛骨墙壁保持

动作要点

● 站立于距墙壁 15 厘米左右的位置。

● 后背朝向墙壁，双肘屈曲于体侧，挺胸并将双肘向身后拉。

● 之后用肘部支撑身体并靠向墙壁，确保双肘是身体唯一与墙壁接触的部位，并向下向后收紧肩胛骨，同时向天花板方向打开胸腔。在这一位置做静力保持至规定时间。

i

动作变化

如果想降低动作难度，可以让双脚更加靠近墙壁；反之，如果想增加难度，可以让双脚更加远离墙壁。

注意事项

动作过程中不要耸肩，并确保身体就像在做平板支撑一样，让头部与脊柱呈一条直线，不要收下巴。并确保在做静力保持时始终挺胸并收紧肩胛骨。

后侧链平板支撑

动作要点

● 从坐在地面的位置开始,双腿在身前伸直,双手在臀部后方的地面做支撑。双脚略分开,手指则可以指向腿的方向或两侧(图a)。

● 手和脚后跟发力,将臀部向上抬离地面,双腿保持伸直。在挺髋的同时打开胸腔,并放松颈部。在动作顶端时,身体应该呈一条直线(图b)。

● 在动作顶端略做保持后,臀部降回地面并重复动作。

动作变化

可以通过放慢动作或者增加在顶端保持的时间来提高动作难度。

注意事项

在动作顶端时,收紧核心及臀部肌肉。

"香蕉"静力保持

动作要点

● 从平躺在垫子上的位置开始，双腿并拢伸直，双手过顶伸直（图 a）。

● 收紧腹肌，将肩胛骨和双腿抬离垫子，同时后倾骨盆，让下腰部压在垫子上（图 b）。颈部和头部应当放松，让上臂位于耳朵两侧。在这个身体像"香蕉"似的位置做静力保持至规定时间。

动作变化

如果觉得这个动作的难度过大，或者无法始终保持下腰部压在垫子上，可以弯曲膝盖，略微向身体收腿来减小动作难度。

注意事项

在静力保持时，要保持颈部和头部放松。

肩胛骨俯卧撑

动作要点

● 从高平板支撑的位置开始，双手位于对应侧的肩膀下方，双脚并拢，就像俯卧撑的起始姿势一样。此时，身体从头到脚大致呈一条直线。

● 在不弯曲双肘的情况下，将胸口下压并收紧肩胛骨，同时不要收下巴或让臀部下沉。

● 接着，将胸口向上推起并展开肩胛骨。之后重复此动作。

注意事项

这个动作的活动范围很小，不需要像做俯卧撑一样屈肘，持续收紧并放松肩胛骨即可。

静力保持

（1）顶端保持

顶端保持是一个有难度的动作，同时也是一个练习保持下巴过杆并在引体向上动作顶端收紧肌肉的好动作。

动作要点

● 开始时，双臂伸直，抓住引体杆，将胸口拉向引体杆，直到下巴过杆，并在这个位置做静力保持。

● 当逐渐力竭以至于无法抓住杆子时，就做一个尽可能慢的离心引体将自己放下来并结束动作。

i

动作变化

如果还不能自己做引体向上把身体拉到顶端，可以借助跳箱或其他物体来帮助自己达到引体向上的顶端位置并做顶端保持。

!

注意事项

确保核心收紧，不要在保持的同时将膝盖抬起或耸肩。

（2）中段保持

中段保持是一个非常好的静力保持动作，可以帮助你提高在引体向上过程中的"停滞点"的力量，"停滞点"也就是通常感到最费力的位置。

动作要点

● 在做中段保持时，应选一个自我感觉最薄弱的位置，并完成静力保持。

● 在保持的同时不要耸肩或收下巴，应尽可能挺胸并体会背部肌肉发力的感觉。

（3）底端保持

尽管底端保持看起来像在引体向上的起始位置放松地挂着，但实际上底端保持需要在悬挂的同时收紧肩胛骨并保持背阔肌的激活。

动作要点

● 在动作开始时，双手抓住引体杆，挺胸并将肩胛骨收紧，此时能感觉到肩膀的下沉。

● 在悬挂的同时保持肌肉的张力，这个动作可以锻炼抓握力及在底端开始做动作的能力。

仰卧肩胛骨保持

动作要点

● 平躺在垫子上，双腿弯曲，双脚脚掌贴于垫子上。将双臂置于身体两侧，接着将肘关节弯曲至 90 度（图 a）。

● 核心收紧，用肘部下压垫子来帮助抬起背部。在抬起背部的同时体会背部肌肉发力的感觉并挺胸（图 b）。在这一位置做静力保持至规定时间。

注意事项

在做静力保持的同时不要收下巴，肘部向下发力的同时收紧腹肌，保持匀速呼吸。

自重臀桥

动作要点

● 平躺在垫子上，双腿弯曲，双脚压住垫子，双脚的距离与髋同宽。弯腿的幅度为可以用同侧手略微触碰到脚后跟即可，如果手与同侧脚后跟的距离太远，会更多地感觉到腘绳肌在发力，而非臀部。肘关节弯曲90度，让上臂贴在垫子上（图a）。

● 接着让脚后跟与上背部发力，将臀部尽可能高地抬离垫子，并在顶端用力收紧臀部肌肉（图b）。

● 确保在髋部上挺的同时不要内扣双膝。在顶端收紧臀肌，保持1~2秒后，缓慢沿原路线返回，并重复动作。

动作变化

如果想提高动作难度，可以在顶端保持收紧臀部更长的时间，或者使下放速度更慢，这样会增加臀部肌肉保持张力的时间，更好地锻炼臀部肌群。

注意事项

确保不要向上方挺肚子，以防下腰部会开始代偿发力。

侧平板支撑

动作要点

● 从身体一侧开始，用该侧小臂支撑上半身，该侧肘部位于同侧肩膀的正下方。双脚可以叠放（图a），或者将上方脚放在下方脚的前侧。

● 小臂及下方脚发力，将髋部尽可能高地抬起，同时使身体完全伸直，让头、髋、脚保持呈一条直线（图b）。整个动作过程中，在身体上方的手可以放松地放置在腰间，或者指向天花板。

注意事项

在支撑过程中，收紧臀部，不要让胸口转向地面。

泡沫轴 / 筋膜球放松

在用泡沫轴 / 筋膜球进行放松时，应花费更多的时间在酸痛或发紧的身体区域。

小臂筋膜球放松

动作要点

● 可以在桌子上放置一个筋膜球来放松小臂（也可以使用泡沫轴）。

● 将筋膜球靠近肘部并将小臂放在筋膜球上，小臂发力下压筋膜球。同时用小臂在筋膜球上小幅度地画圈。

● 在遇到发紧部位（下称紧张点）时可额外保持下压数秒。

● 当觉得松解得足够了，便可以沿着小臂继续向下放松。小臂两侧都可以这样做。

注意事项

如果找到了紧张点，那么在按压的同时，可以通过握拳和松拳来收紧和放松小臂。这样做能够让筋膜球更深入地松解紧张点。

上背部筋膜球放松

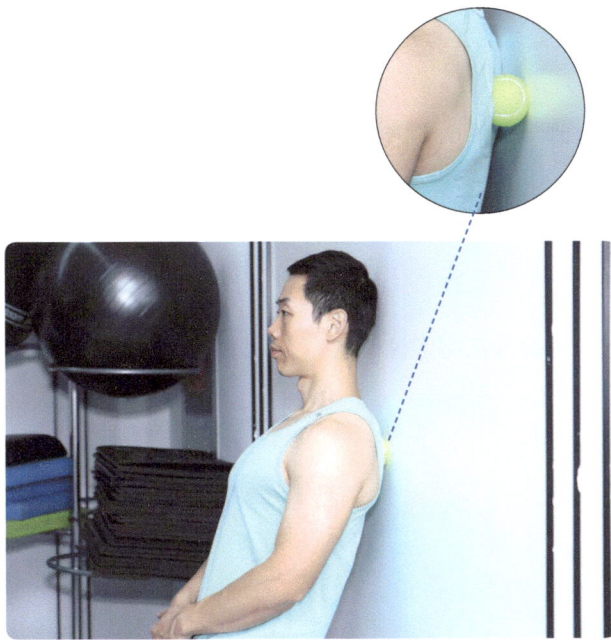

动作要点

● 将筋膜球放置在斜方肌与墙壁之间，身体向后倚靠，使筋膜球能够施加压力到上背部，并左右移动身体来松解上斜方肌，或沿着肩胛骨边缘上下移动身体来松解斜方肌中下部及菱形肌。

● 在紧张点上额外保持按压。

动作变化

也可以躺在地上用筋膜球来放松。

注意事项

如果想让筋膜球更加深入地按压肩胛骨旁的肌肉，可以用放松侧的手抓住对侧的肩膀，这样能更多地暴露出斜方肌及菱形肌。

背阔肌泡沫轴放松

动作要点

● 侧卧于地面，靠近地面一侧的手臂沿头的方向向前伸展并将泡沫轴放置在该侧腋窝处。

● 在泡沫轴上上下挪动身体进行滚动，之后将其放置在身体的更低处。

● 在紧张点上额外保持按压，并确保在将泡沫轴放得更低前已经充分松解了之前的区域。

i

动作变化

如果想要进行更强烈的刺激，可以用筋膜球来代替泡沫轴。

胸椎泡沫轴伸展

动作要点

● 将泡沫轴放置在地面上，躺在泡沫轴上，使其位于中背部。双手先放置在身体前侧，确保臀部没有抬起（图 a）。

● 之后手臂过顶向后伸展，并试着让头部触碰到地面（图 b）。

● 双手过顶后保持拉伸5~10 秒。

动作变化

可以将泡沫轴的位置稍微向上移动，同样先确保臀部没有抬起，之后向后伸展手臂以放松。也可以将泡沫轴放在中背部到上背部之间进行这个拉伸动作。

臀部泡沫轴放松

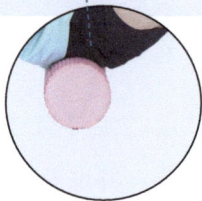

动作要点

● 身体向一侧斜躺并用该侧手臂支撑身体。将泡沫轴放置在该侧臀部的顶端，并上下挪动身体以寻找紧张点。

● 如果想更深入地按压，可以从地面重复抬起和放下倾斜侧的腿，或者将腿盘到另一侧的膝盖上（图a~c）。

● 在重复几次后向下滚动臀部的其他部位，并寻找紧张点。在紧张点保持额外按压几秒。

注意事项

可以在臀部所有被肌肉覆盖的区域重复这一放松动作——从臀部外侧到靠近尾骨的内侧，从骶髂关节的低端到腘绳肌的上部。你甚至可以转到体侧松解阔筋膜张肌。但不论放松哪个部位，都要确保肌肉处于放松状态，不要让其与泡沫轴对抗。

动作变化

以上步骤也可以用筋膜球代替泡沫轴。

股四头肌泡沫轴放松

泡沫轴可以有效地松解股四头肌。

其他
角度

动作变化

如果想施加更多的压力,可以将另一条腿放置在松解腿上。

动作要点

● 将泡沫轴放置在地面上并俯卧在其上方,像做平板支撑一样用小臂撑起身体。

● 上下挪动身体,让泡沫轴从膝盖上方开始向上滚动至髂骨,之后沿原路径返回,重复这一动作并确保覆盖了从大腿内侧到髂胫束之间的所有区域。

● 如果在松解过程中发现了额外的紧张点,确保在该位置停顿几秒直到不适感减轻。另外,在紧张点上保持按压的同时,也可以收紧和放松股四头肌以帮助肌肉放松。

腘绳肌筋膜球放松

相对于泡沫轴，筋膜球对于松解腘绳肌是一个更好的选择。因为在地面上用泡沫轴放松腘绳肌时，其能够提供的压力和刺激有限；而用坐姿在椅子或者桌子上用筋膜球松解则能更好地施压于腘绳肌。

动作要点

● 呈坐姿，将筋膜球放置在腘绳肌顶端，也就是腘绳肌与臀部交界的位置。

● 在筋膜球上小幅度地横向移动，覆盖大腿的内外侧。可以通过从地面上抬起并放下松解腿来使腘绳肌收缩与放松，从而更深入地松解紧张点。

● 调整筋膜球的位置，从腘绳肌顶端逐渐下移，使其覆盖腿后侧所有可能的紧张点。

动作变化

以上步骤也可以使用泡沫轴来完成。

注意事项

在紧张点处额外按压几秒，并且不要在没有不适感的区域上停顿太长时间。

内收肌泡沫轴放松

可以用筋膜球和泡沫轴来放松内收肌。

其他
角度

动作要点

● 俯卧在地面上，松解腿的膝关节呈 90 度屈曲并将泡沫轴放置在膝盖内侧，用小臂支撑身体。

● 侧向挪动身体，使泡沫轴从膝盖上方开始向大腿根部滚动。

● 调整泡沫轴的位置，使其从膝盖上方开始逐渐滚动至大腿根部，以覆盖大腿内侧的所有区域。

i

动作变化

在放松的过程中，可以将松解脚略微向上抬起，使膝盖处于内扣位置。这样可以帮助松解一小部分腿的前侧，以避免遗漏任何潜在的紧张点（在紧张点处额外按压几秒）。

拉伸

跪姿手腕伸展

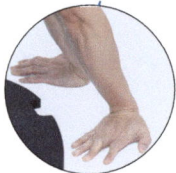

动作要点

● 跪在垫子上，双手手掌贴地，放置在身前。接着外旋手臂，让手指尽量朝向膝盖（图a）。

● 之后身体重心后移，在向后坐的同时确保手掌根部保持贴在地面上，拉伸小臂的内侧（图b）。

● 保持拉伸数秒后，将身体重心移回原位。

动作变化

也可以用站姿，将手放在桌子上来完成这一拉伸。

跪姿手腕屈曲

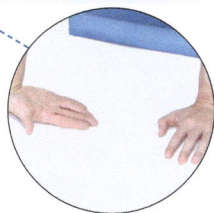

动作要点

● 呈跪姿，双手手心贴地，放置在身前，双手手指朝前。保持一侧手动作不变，另一侧手变为手背贴地，手指朝向内侧。

● 慢慢地向左右两侧重复移动身体重心，在每一侧的末端保持拉伸数秒，可以感觉到小臂外侧的拉伸感。

● 在另一侧重复同样的动作和次数。

注意事项

切勿挤压腕关节。动作过程中若感到腕关节有压迫和疼痛，应适当减少拉伸幅度。

跪姿胸椎旋转

动作要点

● 将双手置于地面，双腿跪在垫子上，将两只手放在各自肩膀的正下方，使两个膝盖处于各自髋关节的正下方，同时保持腰背部平直。

● 将一只手置于同侧耳朵后侧（图a），然后向下旋转该侧肘关节，使其尽可能地触碰到对侧的膝盖，在这样做的同时略微让髋部向后坐（图b）。

● 接着尽可能地将该侧肘部朝向天花板方向，呼气的同时打开胸椎并使髋部略微前推（图c）。

● 重复动作，在换侧前先完成一侧的全部重复次数。

注意事项

确保每次都以最大的活动范围让肘部上下旋转。

跪姿胸椎伸展和背阔肌拉伸

动作要点

● 呈跪姿，将手腕置于一个约与膝盖同高的固定物上，拇指朝上，两肘与肩同宽（图a）。双膝距离固定物一定距离。

● 保持手腕在固定物上，放松胸部与颈部，髋部略微向后坐。将胸口压向地面，此时肱三头肌、背阔肌和胸椎都有较强的拉伸感（图b）。

● 试着在下压胸口的同时尽可能地伸展背部。可以在底端停止动作并保持呼吸，以获得更强的拉伸感，也可以从拉伸中恢复到原位并重复动作，试着使每一次都比上一次拉伸的幅度更大。

注意事项

确保双膝离固定物的距离足够远，以便在身体前倾时头部有足够的空间从两肘之间通过。

俯卧胸肌拉伸

其他角度

注意事项

确保在拉伸的同时，头部是放松地停留在垫子上的。

动作要点

● 俯卧在垫子上，两条手臂放在身体的两侧伸直，与肩同高。

● 之后一侧手臂屈曲至 90 度，同时确保上臂依然与肩膀处于同一高度上（屈曲侧手臂是稍后要进行拉伸的一侧）。

● 之后将拉伸侧的对侧腿抬起，并把对侧脚放在拉伸侧的地面上，同时对侧手辅助胸口略微推离地面，这时拉伸侧的胸肌与下腰部有拉伸感。

● 每次拉伸保持 5~10 秒，可以在单侧多次重复之后换侧，在另一侧重复同样的动作和次数。

骆驼式拉伸

a

b

动作要点

● 呈跪姿，双脚跖屈，让脚趾贴于垫子，两侧膝盖的距离与髋部同宽，接着向后坐向脚后跟，并将手放置在脚后跟上（图 a）。

● 向前挺髋，让臀部离开脚后跟，同时将胸口向前向上推，手仍然放在脚后跟上（图 b）。此时，可以感受到从胸口延伸到腹部及股四头肌的拉伸感。

● 保持 3~5 秒后回到起始位置，接着重复动作，进行动态拉伸。也可以选择在动作末端持续拉伸 15~20 秒，形成一个静态拉伸动作。

注意事项

确保在动作末端时臀肌完全收紧。头部放松，让身体尽可能呈弓形，注意不要耸肩，收紧臀部以减少下腰部的压力。

最伟大拉伸

动作要点

● 从高位平板支撑开始，双脚并拢，双手置于各自肩膀下方，从头到脚呈一条直线（图a）。

● 接着向前迈出右脚到右手处，做一个低弓步，确保右脚掌完全着地，脚后跟不要抬起（图b）。

● 在这个低弓步的位置将右侧手臂屈肘沉向地面，靠近右脚的内侧（图c）。

d

e

● 把右侧肘关节从地面上抬起，并朝着天花板旋转右臂，眼睛看向右手，同时打开胸腔，使胸口朝向右腿内侧。尽可能地将右臂伸向天花板并旋转胸口（图 d），此时可以感觉到臀部、背部和胸肌的拉伸。

● 把右手放回地面，身体向后移，让右腿在身前完全伸直，脚尖勾起（图 e），此时可以感觉到右腿后侧的拉伸。如果想要更深入地拉伸，可以将上半身微微前倾。

● 最后，重新回到低弓步位置。

● 在每侧完成 5 次左右的拉伸。

注意事项

■ 在高位平板支撑时，髋部的位置不应该下沉或过度上抬，同时确保核心收紧。

■ 在低弓步时，如果柔韧性不好，右脚可能放不到右手的位置，或者左侧膝盖可能会下沉，但是仍旧需要确保右脚掌是完全着地的。

■ 在右臂下沉时，如果肘关节碰不到地面也没关系，尽可能地放低即可。这时能够感受到臀部有较强的拉伸感。

手腕放松

可以用坐姿和站姿来完成这一拉伸动作。

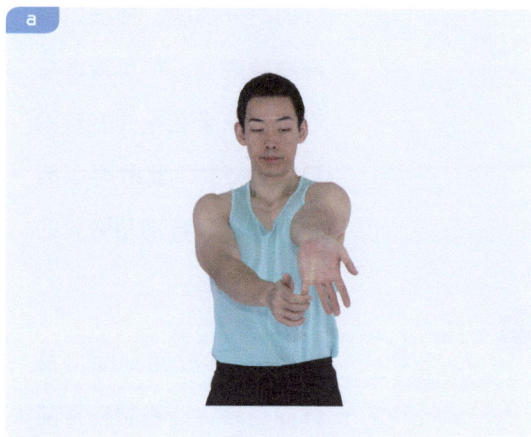

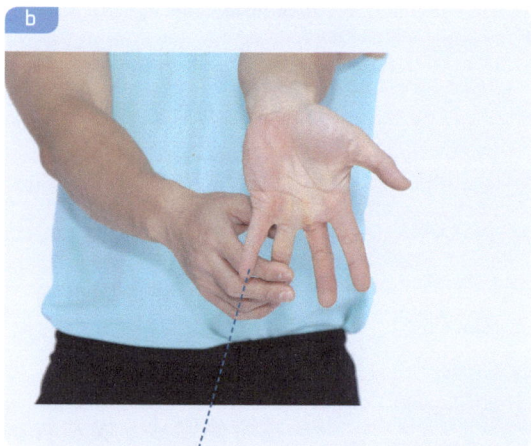

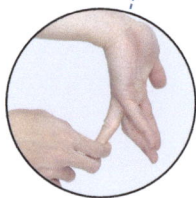

动作要点

● 将一侧手臂在身前伸直，手指向下，手心向前。在保持手臂伸直的情况下，用另一侧手依次下压该侧手的手指（图a、图b）。

● 在每一根手指上保持拉伸1~2秒，在放松完一侧手的全部手指后，换侧进行拉伸。

注意事项 !

在拉伸时手指要放松，避免对抗。

婴儿式 + 侧向伸展

动作要点

● 脚背伸直并放在垫子上，向后坐并向下俯身。在确保臀部后坐的情况下，双臂尽可能向前伸并呼气，整个身体放松（图 a）。

● 慢慢将两侧手掌挪到身体的一侧，可以感觉到对侧背部的拉伸（图 b）。

● 接着将手掌挪回原处并在另一侧重复动作（图 c）。

注意事项

每次动作末端呼吸 1~2 次。

墙壁下压

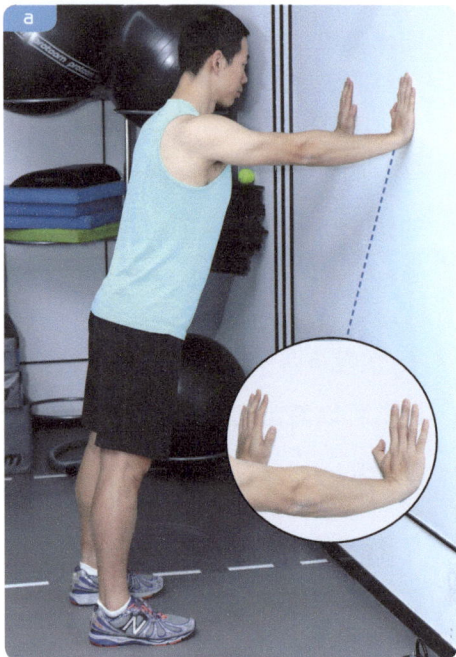

动作要点

● 面向墙壁站立，双脚离墙壁的距离略大于手臂的长度，双手和肩部齐平，并将双手放在墙壁上（图a）。

● 俯身，将胸口向地面下压，直到胸口与地面接近平行、髋部弯曲90度左右时停止（图b）。

● 确保腰背部呈直线。从双臂之间下压胸口，此时可以感觉到胸部和背部的拉伸。确保核心收紧，下腰部不要反弓。保持这一姿势并呼吸，试着每次呼气放松时进一步下压胸口。

注意事项

一定要确保不是仅仅在用下腰部的反弓来完成动作，要保持核心收紧，从而使胸腔伸展而不是用腰部代偿。

站姿胸肌拉伸

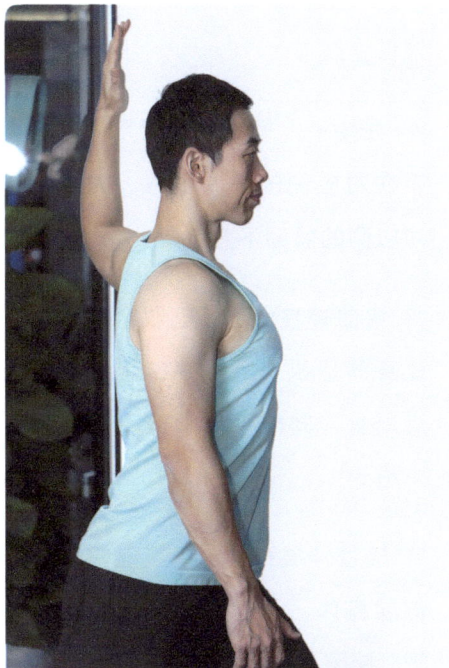

动作要点

● 可以借助墙壁、架子和门框等来完成这一拉伸动作。

● 将一侧手放置在墙壁上，身体向前移动超过手的位置。

● 身体略微向对侧旋转。

● 在每侧保持 15~30 秒后换侧。

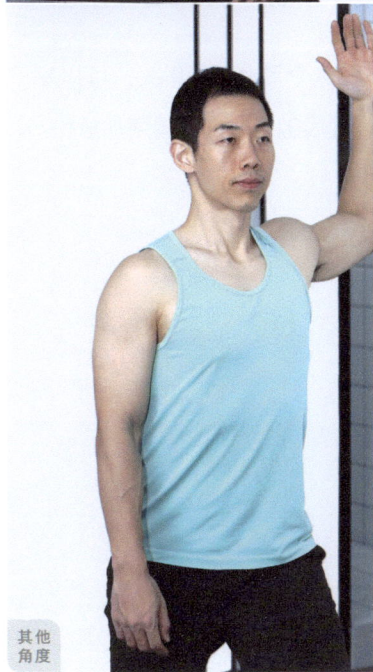

其他
角度

动作变化

也可以通过改变拇指的方向来轻微调整拉伸的角度。

注意事项

当旋转上半身时，不要耸肩，自然呼吸并放松，此时可以感觉到胸肌和肩膀前侧的拉伸。

猫 / 牛式拉伸

动作要点

● 在垫子上呈四点支撑姿势，双手在对应侧的肩膀下方，双膝在对应侧的髋部下方（图 a）。

● 弯曲脊柱，尽可能收紧身体，让身体呈拱形。想象着让下巴靠近尾骨，同时手与膝盖不要移动（图 b）。

● 接着伸展脊柱，尽可能向远处伸展身体，让身体呈弓形，想象把肚脐眼下压至地面（图 c）。

● 重复这个动作 5~10 次，可以感觉到脊柱周围的肌肉变得更加放松。

注意事项

!

在每次伸展时深吸气，在收紧时深呼气。

三向脖子拉伸

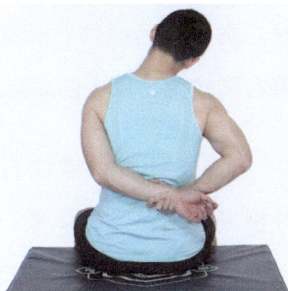

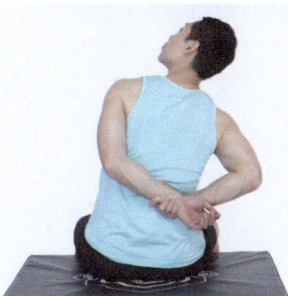

邮
电

动作要点

● 将拉伸侧手伸向背后，然后用对侧手抓住这只手的腕部（图a）。对侧手发力将拉伸侧的手拉向身体对侧，这时头部向拉伸侧手运动的方向倾斜（图b）。肩膀保持放松，不要耸肩。在动作末端保持5~10秒并呼吸，此时颈部有拉伸感。

● 在头部倾斜的同时，通过改变脸部的朝向，可以从不同的角度拉伸颈部肌肉：将脸部转向左上方（图c），保持5~10秒。

● 接着转向前方，保持5~10秒；最后转向右下方（图d），保持5~10秒。

● 在重复拉伸几次之后换侧。

注意事项

■ 确保在脸部转动的时候用下巴进行引导，而不仅仅有目光上的转移。
■ 在拉伸过程中肩膀一定要放松。

动态半跪姿股四头肌拉伸

a

b

动作要点

● 呈半跪姿，左腿在前，右腿在后。在做这个拉伸的时候，如果身前有一堵墙或稳定支撑物来帮助保持平衡会更好。右手向后抓住右脚踝，并将右脚拉向臀部（图a）。

● 扶稳支撑物，抓住右脚踝并慢慢向前移动身体重心，可以通过将右脚踝继续拉向臀部来加强拉伸感（图b）。

● 放松，拉伸完一侧后换侧。

注意事项

!

确保在将髋部向前推的时候收紧臀肌，这样能够避免腰椎超伸。如果抓不住脚踝，可以用毛巾缠绕脚踝并抓住毛巾来协助拉伸。

青蛙式拉伸

动作要点

● 呈跪姿，尽可能远地分开两侧的膝盖，同时用小臂支撑身体。让脚趾朝外并让双脚内侧触碰地面。双脚不要背屈，尽量让脚踝和膝盖在一条直线上。如果双脚靠得过近将会减少拉伸感。

● 慢慢将髋部推向脚踝的方向，同时保持两个膝盖间的距离尽可能宽。你可能没办法将髋部往后推太多，只要尽可能去做即可。这时可以感觉到两条大腿内侧的拉伸。

● 在拉伸的同时自然呼吸，保持 5 秒左右，然后回到起始位置，之后可以重复这一动作。

以上这些拉伸动作不只适用于引体向上训练之后的放松。挑选几个喜欢的拉伸动作，在日常生活中经常做这些拉伸动作也可以帮助久坐人群改善身体姿态。

04

第四章
引体向上的做法及其技术动作要点

这里主要讲标准正握引体向上。标准正握引体向上主要有两种发力方式。一种是躯干在动作过程中保持近端完全静止稳定，凭借背部肌群及上臂肌肉共同发力，以产生拉力并使身体向上移动；另一种是在向上拉之前，依靠躯干核心的屈伸力事先获得摆动的惯性，再向上拉起身体，这种引体向上的发力方式会使提供拉力的目标肌群的压力相对减小，核心摆动的惯性会给身体向上移动带来助力。

标准正握引体向上

此种引体向上为传统的标准做法，可最大限度地刺激并收缩背阔肌、菱形肌、大圆肌、小圆肌以及上臂肌肉等目标肌群，给肌肉施加更大的压力，使之得到锻炼。下面是这个动作的技术要点。

（1）握杠

正握抓杠，双手握距比肩宽 10 厘米左右较为合适。双手采用全握法，拇指要扣过单杠，使整个手掌形成"闭环"。这样抓杠较稳定，并且动作中手腕和小臂可以轻微外旋，使手臂在身体上升阶段产生最大的协同力量。

（2）上拉阶段

正确握杠后就可以开始上拉动作，想让上拉动作更有效率就要使用正确的方式发力。

首先，在手臂上拉前要预先收紧腹部深层肌肉、菱形肌、竖脊肌等这些身体近端的起稳定作用的肌群，看向杠子的方向，这时身体略微后倾 5~10 度，这样可以保证动作时后背的大肌群发挥更多的作用，同时核心充分收紧以稳定身体，使其在动作过程中不晃动，避免丧失上拉的动力，也可保证斜方肌中上部充分参与。

其次，在上拉动作起始阶段，应把注意力更多地放在肩关节发力上，由近端带动远端，由背部肌群带动上臂肌肉。动作幅度方面，可以锁骨为参照物，锁骨最终要超过或贴近杠子。整个上拉动作要在 1~2 秒内完成。

（3）下降阶段

当在上拉阶段做到目标肌肉完全收紧时，就可以开始下降了，切记不要突然完全放松，非常快速地下降身体，要始终保持看向杠子方向，这是为了保持身体姿势的稳定性，有助于在下一个上拉阶段发力，而且由于重力加速度，身体迅速下降会给维持手握杠的小臂肌群带来额外的负荷。下降阶段在保持核心深层肌肉和肩胛骨稳定的基础上，应从上臂肌肉至背阔肌等发力的目标肌群开始逐步放松做离心收缩，但这个离心收缩过程也不要过慢，动作过程持续 1 秒较为合适。在动作幅度方面，身体下降到底端时应避免肘部完全伸直，最好保持肘关节的夹角为 170~175 度。这样做是为了避免肩关节因过度牵引而受伤，同时可以让肩胛骨始终保持稳定，有利于在下一个上拉阶段发力。

摆动助力引体向上

　　首先说明一下，摆动助力引体向上对于想通过引体向上增大背部、手臂等部位的肌肉的体积的人而言，并不是最佳选择。而且摆动助力引体向上的整体发力的综合难度更高，和标准正握引体向上相比，使用了不同的发力方式。标准正握引体向上对目标肌群本身的肌肉能力的要求更高，摆动助力引体向上则对多关节协调配合以及核心功能主动协调发力的能力的要求更高。如果对引体向上的可完成次数进行比较，同等条件下，摆动助力引体向上的可完成次数应该会比标准正握引体向上的完成次数略多一些，因为核心近端的摆动惯性会减轻上拉肌群的负荷，而且核心肌群的肌耐力和恢复能力相对其他部位的肌肉也更好一些。不建议初学者直接练习摆动助力引体向上，由于初学者的标准动作的稳定性还不足，很容易造成上拉肌群的错误工作，而通过摆动获得的动力很容易掩盖上拉肌群本身能力的不足，并且由于摆动的惯性，要想协调地重复多次动作，就会对身体近端的稳定肌群的能力提出更高的要求。下面是摆动助力引体向上的技术要点。

（1）上拉阶段发力

　　摆动助力引体向上的握法同标准正握引体向上一样，这里就不再强调。不同的是摆动助力引体向上在发力的起始阶段由核心部位最先驱动，进而带动背部肌群和手臂肌肉发力。核心发力时，下背部先收紧，髋部稍向前挺，同时抬头挺胸，肩部也稍微外展打开，让身体呈一个充分伸展的姿势，就像一张绷紧的弓。这时握杠的手稍微放松一点，能够拉住身体即可，发力的瞬间要迅速握紧双手，同时迅速收腹，有控制地略屈髋，将身体略微后摆以形成卷曲力，借助身体由伸到屈的动力迅速将背部和手臂的肌肉收紧并向上拉，转化成上升的动力。

（2）下降阶段的离心控制和惯性利用

　　用摆动助力引体向上做第一次上拉动作并不算难，难的是连续协调地持续发力。很多人刚开始做摆动助力引体向上时会因为下降时没有很好地控制或控制过头而损失很多动力，做很多无用功，从而无法持续做多次。当身体被拉至顶端时，不要像标准上握引体向上那样过多地维持姿态的稳定，也不要在顶端停留，应该马上落下。手稍微放松一点，背部和手臂的肌肉可以在刚开始下降时短暂放松，使下降过程有一点"自由落体"的感觉，但又不是真正放松，至少要保留背部和手臂的主要肌肉的 50% 的力量。下降的同时，肩胛、下背部和臀部要主动收紧，边下降边将髋部前顶以伸展，肩部也略微外展，使身体再次充分伸展。当手臂几乎完全伸直时（肘关节的角度最好还是保持为 170~175 度），双手再次迅速握紧，收腹摆动，重复向上拉。下降阶段最重要的是学会将下降时身体的惯性和身体主动伸展的力相结合，而不要因这种惯性失去平衡。

（3）摆动轴心

摆动助力引体向上若要做得协调、有持续性，除了协调发力外，找到准确的身体摆动轴心至关重要。很多人一开始学习摆动助力引体向上时，总是控制不住身体前后乱晃，这是因为大多数人错误地把摆动轴心放在了手上。如果以手为摆动轴心，并且这个动作有延展，那它就变成了体操中的单杠大回环，而引体向上要获得的是向上的动力。所以，摆动轴心应该处于身体重心的位置，也就是在髋部与胸部之间的核心中心点，这样在摆动时才可以充分利用身体前后屈伸的震荡获得向上的动力和助力。

第五章
引体向上主要肌群的力量训练

背部肌群

在引体向上的上拉过程中，起向心收缩作用的主要肌肉有背阔肌、大圆肌、小圆肌、菱形肌、斜方肌（中部和下部）。背阔肌、大圆肌、小圆肌起近端固定向心收缩的作用，使身体向上移动；菱形肌和斜方肌（中部和下部）主要起近端固定的作用，可让肩胛骨产生下回旋。几乎所有"上肢拉"的动作都会同时涉及这些肌肉，所以这些背部肌群可以通过不同的"上肢拉"的动作同时训练。下面介绍 6 种有效锻炼背部肌群的训练动作。

俯身双手划船

"划船"是一个很经典的背部训练动作，"划船"的训练方式其实有很多不同的细分种类，这里主要介绍俯身双手划船。因为要为引体向上的专项动作做准备，所以要具备双手拉的特点，同时采用俯身站姿可以加强核心深层的稳定能力，这也是做引体向上时所需要的。

动作要点

● 双脚间距与肩同宽,背部挺直,收腹,双手正握杠铃,两只手的距离比肩部稍宽一些。

● 双臂伸直，俯身屈髋向下,但不要太往下,屈髋角度可以为 45~55 度,俯身屈髋时肩胛骨要先收紧,背部尽量挺直（图 a）。

b

其他
角度

● 屈臂，由肩带动肘将杠铃拉向身体，直到杠铃杆贴近躯干（图b），然后再有控制地将杠铃杆下放到起始位置，重复此动作。

● 训练者可以先熟悉技能，每次训练做 3 组，中低负荷，每组重复 15 次左右。随着肌肉能力和动作技能的增强，如果训练者想要增强拉杆时的绝对力量，可以使用最多只能重复七八次的负荷做 5 组，每组重复 5 次。特别建议，训练者如果专门为了引体向上做准备，可以将这个动作的最终负荷定为 1.3~1.5 倍的自重。

注意事项

如果在最开始做俯身双手划船动作时总是掌握不好动作要领，可以退阶到做坐姿固定双手划船动作。这样能将更多的注意力放在起后拉作用的主动肌群的发力上，减少下肢和下背部核心的压力，具体可利用固定划船器械、绳索器械或是弹力带，但最终还是要过渡为做俯身双手划船动作，不要一味通过坐姿固定划船动作训练负荷能力。

高位下拉

　　高位下拉是能锻炼到背部肌群尤其是背阔肌,且最接近引体向上动作的力量训练动作。说最接近是因为对于关节和主动肌群来说,高位下拉的动作轨迹和幅度与引体向上几乎一样,但不同于引体向上的是高位下拉是将目标物体拉近身体,也就是开链动作,而引体向上是将身体拉近目标物体,也就是闭链动作。这一点不同有一个好处:训练时可以随意调整负荷,不用一开始就负担体重,更容易循序渐进地练习。此外,还需要介绍一下,在不能在健身房训练时,也可以用弹性训练带来代替高位下拉器,将弹性训练带的一头固定在头上高处,模拟高位下拉器械的轨迹下拉。用弹性训练带做高位下拉动作时可采用坐姿或站姿,虽然其最大配重重量比不上高位下拉器械,但会更灵活。

动作要点

● 在做高位下拉动作前，需先将坐姿固定好，握住横杠，挺胸沉肩，身体微后倾 10~15 度（图 a）。

● 收缩背阔肌，将横杠从头上方位置下拉至锁骨上方（图 b），然后慢慢还原，并伸展背阔肌，直到背阔肌得到充分拉伸，但肩胛不要完全放松。

注意事项

整个动作过程中要挺胸和绷紧肌肉，不可仅靠手臂力量，尤其要注意手腕和小臂不要有向前向下压的动作，整个发力顺序应该是肩胛带动肩，再由肩带动肘。训练的组数、每组重复次数和负荷与俯身双手划船相同。

手腕外旋肩外展

　　这个动作主要是训练菱形肌和斜方肌（中部和下部）。这个动作训练逻辑不同于俯身双手划船和高位下拉，因为其目标肌肉不是大肌群，且在引体向上动作中主要起固定的作用。所以这个动作可以采用站立位，也可以采用俯卧位，且不需要过大的负荷，可以合适的负荷做多组训练，每组重复12~18次。但要注意的是，在动作过程中应尽量保持肘关节接近伸直，且手腕充分外旋，这样做除了依据运动链的原理外，主要是能避免上臂肌肉的参与，可以让菱形肌和斜方肌（中部和下部）成为主要发力肌肉。

动作要点

● 采用上面所说的任一姿势并将身体固定好（图a采用俯卧位），保持手臂在两侧伸展，腕关节先充分外旋至自己的最大活动范围，然后发力使肩关节充分外展（图b）。

注意事项

外展幅度为15~30度，幅度不用过大。

单手哑铃划船

其他
角度

动作要点

● 将一侧膝盖和手置于长凳或合适高度的跳箱上。如果先从右侧开始，那就将左膝和左手放在跳箱上（图 a）。挺胸，让背部保持平坦。右手持哑铃，右脚放在地面上。

● 在保持背部挺直的情况下，将哑铃上拉至体侧（图 b）。肘部向上、向后发力，并且不要耸肩，确保在上拉哑铃时右侧背部发力，并且不要借力甩摆哑铃，或旋转哑铃的方向。

● 在到达动作顶端时，收紧肌肉并保持 1~2 秒，之后手臂沿原路线有控制地伸展直到回到原位。

● 在一侧完成所有的规定次数后，换到对侧继续做动作。

注意事项

在动作的底端不需要伸长肩胛骨让哑铃离地面更近，只要伸直手臂即可，背部依旧保持平坦。

训练带助力引体向上

准备 25~40 磅（1 磅 ≈ 0.45 千克）和 35~50 磅的两条宽闭环训练带，不同品牌的训练带在具体重量区间上会有差别，大概在这个范围即可。

动作要点

● 把训练带的一端固定拴在单杠上，训练带垂下来的长度与自身躯干长度相近为宜。

● 一只手抓住杠，另一只手向下拉长训练带，用训练带垂下来的一端套住胫骨，此时身体姿势相当于跪姿。

● 另一只手也抓住杠，此时被拉长的训练带会给身体向上的拉力，也就相当于减轻了自重阻力，便可依靠训练带向上的助力完成引体向上动作。

动作变化

若无法在跪姿下完成训练带助力引体向上，则可以用脚踩住训练带垂下来的一端，变为以站姿做训练带助力引体向上，这样被进一步拉长的训练带给予身体向上的助力会更大。

悬吊绳（水平）上拉

动作要点

● 双手抓住悬吊绳手柄，慢慢向上移动，直到胸口位于悬吊绳的正下方，手臂伸直，双臂距离约与肩同宽。此时应该是脚后跟支撑地面，且身体呈一条直线（图a）。若不是水平最佳力矩，可以调整悬吊绳的长度。

● 发力时双手正握，核心收紧，背部主动发力，使手臂沿水平面将身体向上拉动，直到手柄接近胸部两侧的位置（图b）。

● 在将手柄还原至起始位置的过程中应主动控制，缓慢将身体下放，至手臂伸直，肩胛始终保持收紧状态（挺胸）。

● 发力上拉时用1秒，还原下放时用2秒，以此重复。

动作变化

若一开始身体在水平地面位置无法完成至少10次，可以屈膝至90度（图c、图d），通过减少力矩的方式降低难度，当用此姿势可以完成15次时，则可以尝试将腿伸直用正常姿势来训练。若用正常姿势可以轻松完成15次，则可以尝试在完全上拉后停留1~2秒再还原至起始位置。

上臂肌群

这里只介绍与引体向上专项动作最相关的力量训练。上臂肌群在引体向上动作中起向心收缩作用的是三角肌后束、肱二头肌短头、肱肌、肱三头肌长头。虽说上臂的这些肌群相对于背阔肌这样的大肌群来说所产生的动力是有限的，但对引体向上动作的后半程的完成度和持续发力也至关重要，尤其是对很多在一开始对引体向上动作近端关节很难稳定的人来说，背阔肌起初可能并不能完全发挥作用，很多时候上臂肌群给予的向上力量会更重要。下面就介绍 6 种可以有效锻炼这些上臂肌群的训练动作。

阻力肩水平外展

之所以以解剖名词来命名这个动作，是因为它的训练姿势和形式多样，不需要特别限制训练环境。这里主要介绍两种最经典的训练方式，一种是站姿水平俯身飞鸟，另一种是站姿弹力带水平后拉。

（1）站姿水平俯身飞鸟

动作要点

● 以站姿屈髋位起始稳定姿势开始，保持背部几乎与地面平行，双手持哑铃手臂自然下垂，双手的拳眼相对，做动作前先收紧菱形肌使肩胛稳定内收，并始终保持这一状态（图 a）。

a

其他角度

b

其他
角度

● 开始动作由肩发力带动手臂水平外展，直到达到自身肩关节外展的最佳活动范围（图 b），再缓慢放松肩部肌肉并使肩部回到起始位置。

● 最开始以可重复 15 次的重量进行，每次训练 3 组；随着力量的增长可逐渐过渡到使用可重复 10 次的重量，每次训练 3~5 组。

注意事项

!

因为这个训练的主要目的不是无限增强肩部肌肉，而是辅助完成引体向上动作，三角肌后束在引体向上动作中的角色并不是最主要的，所以不需要使用 1~4RM（RM 为 repetition maximum 的简称，即最大重复次数，如 15 千克的重量，你只能完成 1 次，无法完成第 2 次，那么这个重量就是你的 1RM）。

（2）站姿弹力带水平后拉

动作要点

● 稳定站姿，将弹力带中端固定在胸口正前方，双手抬至胸口正前方握住弹力带两端（图 a）。

● 肩部发力沿水平方向后拉至肩关节的最佳活动范围（图 b），再有控制地缓慢还原到起始位置。

注意事项

整个动作过程中菱形肌要保持收紧，并保持肘关节的角度不变。

斜板肱二头肌弯举

斜板肱二头肌弯举主要是预先使肩关节处于屈曲的状态，只倚靠屈肘来更多地刺激肱二头肌短头。斜板肱二头肌弯举可用哑铃单手做，也可用杠铃双手做。建议用杠铃双手做，因为这样更能固定身体姿态，也更接近引体向上的专项需求。

动作要点

● 前后腿分开站立，将身体和一侧手臂紧贴斜板，不要过分前倾重心，贴斜板的手握住哑铃另一侧手扶住同侧膝盖稳定身体（图 a）。

● 屈肘发力，将杠铃弯举至屈肘的最佳活动范围（图 b），再缓慢下放杠铃至起始位置，以此重复。

注意事项

切记做斜板肱二头肌弯举时，不要为了举起重量而随便改变身体重心，要使身体始终贴住斜板。这个动作起初可以选择使用 12RM 训练 3 组，慢慢过渡到使用 3~5RM 训练 5 组。

弹力带水平弯举

特别介绍相似动作是因为肱二头肌对引体向上的向心和离心发力起到的作用都比较大，考虑到斜板肱二头肌弯举通常只能在健身场所完成，为了更多人可以达到训练目的，这里特别介绍一个简单易行的动作。

动作要点

● 以稳定站姿开始，将弹力带固定在胸部正前方，双手伸直从胸部正前方抓住弹力带（图 a）。

● 发力只做屈肘动作，将弹力带拉到额头两侧（图 b），再缓慢放松手臂回到起始位置，以此重复。可选择使用10~15RM，训练 3~5 组。

其他角度

注意事项

动作过程中始终保持上臂平行于地面。

悬吊绳肱二头肌臂弯举

动作要点

● 双手抓住手柄，双脚慢慢向前移动，直到用脚后跟支撑时身体呈一条直线，且手臂伸直时身体与地面的夹角为 35~45 度（图 a）。

● 发力时尽量保持肩关节稳定，靠屈肘将身体拉起，直至两个手柄位于额头两侧（图 b）。

● 还原放松时应主动控制，伸直肘关节直到回到起始位置。屈肘过程用 1 秒，伸直还原过程用 2 秒，应在整个动作过程中保持肩胛尽量收紧，以此重复。

动作变化

若身体在与地面呈 45 度角时无法重复至少 10 次以上，可以将脚的支撑点向后移动以减小自重阻力（图 c、图 d），直到可以重复 15 次，则可尝试正常的训练动作。若可以轻松重复 15 次，则可以将支撑脚向前移动直到身体与地面的角度略小于 30 度，以此增加自重阻力。

腕内旋坐姿哑铃弯举

这个动作其实和通常的肱二头肌哑铃弯举差不多，唯一的不同是手腕内旋的细节方面，手腕内旋的目的是在弯举的时候使肱二头肌短头和肱桡肌保持拉长，收缩范围减小，这样才能更好地让上臂偏外侧的肱肌得到充分收缩。为了更好地训练到目标肌肉，推荐坐在有一点上斜的训练椅上训练，这样能更好地固定身体姿态。当然如果没有健身房的锻炼环境，也可用弹力带以站姿完成同样的弯举动作。

其他角度

动作要点

● 以稳定坐姿开始，身体完全靠在 60~70 度的上斜训练椅上，双手持哑铃自然下垂，使三角肌和肱二头肌长头处于微微拉长状态，手腕内旋，拳眼朝前（图 a）。

● 发力屈肘至最佳活动范围（图 b），然后再缓慢放松还原至起始位置，以此重复。

注意事项

在整个动作过程中要保持肩关节和手腕稳定不动，一开始可以选择最多可重复 15 次的重量，每组重复 12 次，共 3 组。1 周后可尝试增加 10% 的重量，连续 3 周递增重量后，可尝试以 5RM 训练 5 组。

仰卧肩肘屈伸

　　因为肱三头肌的长头的起点在肩胛骨上，所以肩的伸展和外旋都可以很好地刺激肱三头肌长头收缩。如果有条件，也可以做略微俯身的站姿绳索直臂下压，屈臂下压也可以，但要连同肩一起，先伸展肩再带动伸展肘。用弹力带也可完成此动作。若要更好地在伸展肩时锻炼到肱三头肌长头，可以使用下斜板和曲杆杠铃进行练习。下面介绍运用杠铃的仰卧肩肘屈伸的做法。

动作要点

● 仰卧，拿好杠铃，双手最好握住曲杆杠铃的最内侧手柄位置，这样可以使手臂轻微外旋，也能更好地刺激肱三头肌长头。

● 先屈曲肘和肩使杠铃位于头顶（图 a），能够明显感受到肌肉的拉长。

● 然后发力先伸展肩再带动伸展肘，直到杠铃远离身体但可以保持平衡的位置（图 b、图 c）。

● 再缓慢屈肘、屈肩将回到起始姿势，以此重复。

注意事项

这个动作也是为了辅助引体向上动作中肱三头肌长头的发力，考虑到引体向上动作中向心发力的占比并不高，所以不必要过多训练肱三头肌长头的绝对力量，每组重复 8~12 次，每次训练 3~5 组即可。

站姿哑铃上推

动作要点

● 站姿，双脚间距与髋同宽，双手持哑铃。在起始位置时，上臂微微低于和地面平行的位置，上臂与小臂的夹角约为 90 度（图 a）。

● 核心收紧，两侧同时发力并向上方推起哑铃，直至上臂靠近耳朵（图 b）。

● 之后有控制地下降哑铃至起始位置并重复完成动作至规定次数。

小臂肌群

对于引体向上动作来说，小臂肌群里指屈肌、腕屈肌以及肱桡肌很重要，主要起产生抓握力、内旋力和外旋力的作用。然而这些肌肉比较难孤立训练，往往会共同作用于某一个动作中，下面介绍两种能很好地锻炼到小臂肌群的训练方式。

负重卷绳

购买一件卷绳训练器，这种器材对于小臂肌群的锻炼非常有帮助。如果没有卷绳训练器，也可以找条湿毛巾，用拧毛巾的动作来代替。

动作要点

● 在绳子底端挂好合适的配重，双手正握手柄，上臂自然下垂，肘关节屈曲 90 度以使小臂平行于地面，双手依次向前向下发力转动手柄，将绳子向上卷（图 a、图 b）。

● 卷到最高时再慢慢以反方向发力将绳子放下，可重复这个过程 10~15 次。

注意事项

建议向心阶段为正握，手腕向前向下发力；如果把手柄倒转 180 度，向心阶段的发力方向就与之前正好相反。这主要还是考虑到引体向上动作中的专项发力需求。

提包训练

这个动作非常简单，几乎可以在任何时候训练。训练工具可以是超市的大购物袋，也可以是书包，或者带拎手的大号矿泉水瓶，只要里面装上一定重量的物品就都可以起到负重的作用。

动作要点

● 单臂提重物自然伸直，掌心向前，只保持最远端的指关节弯曲，保证重物不会脱手即可（图 a）。

● 屈指握拳发力，将重物把手紧紧握在手心，同时屈腕，直到指屈肌和腕屈肌完全收缩（图 b）。

● 慢慢放松手腕和手指，直到重力重新回到最远端的指关节外，每组训练可重复 15 次，做 3~5 组。

核心肌群

对于引体向上动作来说，起稳定作用的深层核心肌群很重要，如果做摆动助力引体向上，偏表层的核心肌群的向心爆发力也很重要。核心肌群的训练方式多种多样，下面主要介绍 11 种针对引体向上的核心肌群训练动作。

平板支撑

腹肌是表层的核心肌群，但真正能起到稳定身体姿态和增强腹内压的是腹横肌、腰大肌等深层核心肌群，平板支撑就是一个非常好的锻炼深层核心肌群的训练动作。

动作要点

● 俯卧位，小臂支撑，上臂垂直于地面，双脚脚尖支撑，双脚略微分开但不宽于髋。

● 核心发力，将除脚尖和小臂的其他部位全部抬离地面，保持膝、髋、脊柱、头部都处于身体中立位，以维持这个姿势 30~60 秒为 1 组，组间歇最好不超过 90 秒，每次训练 3 组。

注意事项

维持姿势的过程中，最好采用腹式深呼吸，这样可以更好地激活深层核心肌群。

腹肌轮训练

　　腹肌轮训练是经典的核心肌群训练动作之一。做此动作时不提倡将手臂伸到前端最远处，虽然力矩加长对目标肌群的刺激更大，但是将手臂伸到前端最远处对肩的压力也很大，如果能力不足，这样训练很容易受伤。

动作要点

● 跪姿，双手持腹肌轮置于地面（图 a）。

● 慢慢将身体重心向前向下移动，同时将腹肌轮向前滚动，直到髋部和躯干完全伸直（图 b、图 c）。腹肌轮可再向前延伸滚动以加强深层核心肌群发力，但建议不要让腹肌轮超过头太多（以自身肩部力量可以完全应对为准）。

● 由核心先发力将髋部向后拉回，同时将腹肌轮向后滚动，手臂不要主动发力将腹肌轮向后滚动，所有动作都是由核心肌群带动的。每组重复 15 次左右，每次训练 3~5 组。如果以跪姿做能很轻松地完成 15 次 3 组的训练，就可以进阶到以站姿来做。

悬垂举腿

　　这是一个偏高阶的核心训练动作。如果想要简单一点，可以直接用核心训练吊带，把手臂架在吊带上训练；如果想要难一点，可以直接用双手抓住单杠来完成举腿动作，但首先要保证上肢的力量稳定且足够完成此动作。

动作要点

● 先将手臂固定在训练带上或是用双手抓住单杠，然后双脚离开地面，建议最好使用在身体自然下垂时脚尖刚好能碰到地面的高度。

● 预先收紧腹横肌，靠整个前侧链核心肌群发力，以髋部偏上一点的躯干位置为轴心向上卷动，屈髋，将腿抬至与身体呈 90 度（图 a），然后有控制地将腿放下至起始位置，以此重复。

● 悬垂举腿一般每组重复 15~20 次，每次训练 3 组（前提是要保证动作质量）。该动作也可以采用屈膝的方式举腿（图 b）。

注意事项

下放时，前侧链核心肌群应该明显地做离心收缩，避免下降速度过快导致身体来回摆动。注意向心发力动作是卷动骨盆向上带动双腿，并非单纯地屈髋抬腿，核心肌群充分发挥作用时，动作过程中的骨盆的角度是有明显变化的。

仰卧折叠起

　　这个训练动作是通过深层和表层的核心肌群共同作用的，在主动控制整体的同时屈曲和离心伸展，对上下肢的协同传导有很大的帮助。与腹肌轮训练和悬垂举腿一样，做这个动作时也要避免远端先发力，一定要由近端深层核心肌群预先收紧带动远端。

动作要点

● 仰卧，双臂伸直至头正上方双腿伸直，双脚勾脚尖（图 a）。

● 核心肌群发力，以腰骶部为中心支点，将躯干和腿同时向中间折叠成屈曲位，直到双手触碰双脚脚尖，动作过程中要保持直腿、足背屈（图 b）。

● 再有控制地慢慢还原至接近地面的仰卧位，还原时不要让核心肌群完全放松，紧接着就做下一次折叠，以此重复。每组可重复20 次左右，每次训练 3~5 组。

俯卧 Y-W 动态挺身

动作要点

● 俯卧于垫上，双腿伸直，双手掌心相对，拇指向上，双手伸直于头部上方，略打开双臂，使整个身体成"Y"字形（图a）。

● 吸气并收紧核心肌群，呼气时背侧核心肌群主动发力，伸髋收臀，双手、双脚同时向上抬起（图b）。

● 保持这个基本姿势，且拇指始终向上，手臂向后滑动，由"Y"字形变为"W"字形（图c），保持胸部抬起、伸髋收臀，只重复变换手部动作 15 次。

动作变化

若一开始做此动作感觉吃力，无法完成 15 次，可在每次手臂还原为"Y"字形时将背部放松以还原至整体动作的初始姿势，再重新收紧背部、抬起胸部。若如此可以轻松完成 15 次，可在双腿伸直状态下，始终保持双脚也离开地面，让后侧链肌群收缩得更充分，并适当增加每组训练次数至 20 次。

罗马椅挺身

这是一个训练背侧链核心肌群的经典动作，可以很好地锻炼竖脊肌、腰方肌、臀肌和股二头肌等肌肉。对于一般的训练者，如果动作质量足够高，徒手做罗马椅挺身也可以达到很好的效果；如果训练者的能力比较强，想进一步加强背侧链核心肌群的力量，也可以手持配重片以增加负荷，或将手臂伸至头部上方以加长力矩，从而提高难度。

动作要点

● 将罗马椅靠垫调整到适合的高度，双脚踩到踏板上时，脚后跟要完全落在踏板上，身体自然伸直，这时髂前上棘应该位于靠垫的最上方。放松臀部和背部并自然屈髋（图a）。

● 然后背侧链核心肌群整体发力以伸髋并进行向心收缩，直到背部完全收紧，身体呈一条直线（图b，对于中立位来说稍微伸展即可，不用过分向后伸展）。

● 还原至放松体位时需要主动控制，背部肌肉要始终维持身体稳定，使之呈中立姿态。这个动作每组重复12~15次，每次训练3组左右。

注意事项

切记，动作过程中要始终保持膝盖伸直，双脚的脚后跟踩到踏板上。

俄罗斯转体

动作要点

● 坐在垫子上，双脚并拢，双腿微屈，双手十指交叉放置于腹部前方，手肘向两侧打开，上半身后仰30度（图a）。

● 交替向左右两侧旋转胸椎，头部保持放松并面向前方，感受腹斜肌的发力（图b）。左右各旋转一次算完成一次动作，完成规定动作次数。

动作变化

如果想增加难度，可以将双脚抬离垫子以提高不稳定性，或使用小哑铃及杠铃片等增加负荷。

注意事项

俄罗斯转体中的一个常见错误是转动手臂而非胸椎。在正确的动作中，肘部与躯干的相对位置应当保持不变，以确保胸椎的扭转和腹斜肌的发力。

俯卧 Y 字上抬

动作要点

● 俯卧于垫上，双腿伸直并拢，双手伸直于头顶前方并向两侧外展 45 度，拇指向上（图 a）。

● 呼气，背侧核心肌群收紧，将胸部和手臂抬离垫子（图 b），抬起后停留 1 秒再下放，以此重复。

动作变化

可在一个稳定台面上完成，由一名同伴协助按住腿部，将腿部固定在台面上，髋部以上的部位则完全在台面外悬空，再在此姿势下完成整个训练动作（图 c、图 d）。

注意事项

整个动作过程中保持颈椎处中立位。

反握屈臂悬垂

这个动作主要是训练手臂和核心肌群的静力、耐力、稳定性。

动作要点

● 可以直接靠弹跳力上杠，屈臂反握抓杠，保持挺胸收下颌，锁骨位置应该接近单杠。

动作变化

若每次坚持 40 秒很困难，可以从每次坚持 20 秒开始，重复 2 组后可每组增加 10 秒，直到可以标准地完成每次坚持 40 秒。

注意事项

整个过程中核心肌群应当收紧，尽量保持身体静止、不晃动。

仰卧 V 字折叠

其他
角度

动作要点

● 仰卧于垫上，双腿伸直，双臂置于身体两侧（图 a）。

● 呼气的同时核心肌群发力，以使躯干和髋同时屈曲，背部和腿部同时抬离垫子，直至身体呈 V 字形坐姿（图 b），保持 1 秒后再放松还原至仰卧姿势，以此重复。

抓杠悬垂

动作要点

● 双手正握抓杠，保持静力悬垂。

i

动作变化

在可以正确发力悬垂的基础上适当增加悬垂时间，最长不超过 120 秒，也可以在悬垂过程中保持屈髋 90 度，以增强对核心力量的控制。

!

注意事项

这个动作从形式上来看很简单，就是双手正握抓杠静力悬垂。但需要注意的是，整个过程中要尽量保持肩胛处于下回旋发力收紧的状态，不能放松肩胛，并保持核心肌群收紧的状态，这样才能抓握得更稳定，而不是单纯练习抓握力。如果肩胛和核心肌群都放松了，在静力悬垂过程中身体会很容易晃动，且手部的抓握力压力过于集中，也很难坚持较长时间。

胸部和腿部肌群

尽管在做引体向上的动作过程中，胸部和腿部肌群并不会过多地参与主动发力，但作为拮抗和辅助肌群，保持它们与背部肌群的均衡发展可以让整个身体更为强壮与稳定。

负重臀桥

动作要点

● 坐在垫子上，将杠铃向上滚至髋部上方。接着，平躺在垫子上，双腿屈曲，双脚压住垫子，双脚间距与髋同宽（图 a）。

● 双手正握杠铃，向上挺髋并收紧臀部（图 b）。确保用脚后跟和上背部发力。双膝不要内扣，且不要用下背部代偿发力。

● 在动作顶端收紧臀部肌肉，保持 1~2 秒后，下背部和臀部缓慢沿原路线返回垫子，并重复动作。

哥萨克蹲

动作要点

● 呈宽距站立姿势（图a）。

● 就像要做侧弓步一样将身体重心转移至一侧，屈曲该侧膝盖并下蹲至该侧大腿与地面平行，对侧腿伸直，对侧脚的脚尖转向天花板（图b）。

● 身体向上推起，离开深蹲位置，回到双脚宽距站立的姿势（图c）。

● 将身体重心转移至另一侧，重复动作（图d）。

注意事项

如果在做这个动作时无法蹲得很深，不要试图通过抬起脚后跟来达到更深的位置，只要在柔韧性允许的范围内最大幅度地完成动作即可。

高脚杯深蹲

其他
角度

动作要点

● 双脚分开站立，站距宽于髋部，双脚方向略微向外。双手持哑铃（或者壶铃）于锁骨位置，双肘夹紧身体两侧，让哑铃的重量靠在身体上，使手腕不承受过大的压力（图a）。

● 在开始做动作前，确保身体重心在两个脚掌上均匀分布，收紧核心肌群并目视前方，挺直脊柱。吸气并开始下蹲，在下蹲的过程中保持挺胸，膝盖顺着脚尖的方向自然打开。下蹲至大腿平行于地面，或在不破坏动作标准的情况下，在你的柔韧性允许的范围内蹲至最低点（图b），接着呼气并返回起始位置。

注意事项

在深蹲的过程中，确保重心一直位于双脚的中部，而非脚尖或者脚后跟。

波比跳

动作要点

● 从高位平板支撑姿势开始做动作，双手置于肩膀下方，双脚距离与髋同宽，同时确保核心肌群收紧，肩膀、髋部及脚踝要在一条直线上（图a）。

● 在保持双手与地面接触的情况下，双脚快速前跳，并用脚尖支撑身体（图b）。收紧腹肌，使身体呈团起状态。不要大幅抬起髋部。

● 通过脚尖向上发力，将身体蹬离地面。双手可以随惯性上举，也可以放松置于身体两侧（图c、图d）。

● 在落地后，快速俯身用手支撑地面，重新做出高位平板支撑姿势，并开始做下一次动作。

俯卧撑

其他角度

其他角度

动作要点

● 开始时呈高位平板支撑姿势，双手在肩膀下方，肘关节伸直。双脚并拢，并确保身体从头到脚呈一条直线（图a）。收紧臀部和腹肌，这样在开始做动作后，髋部的位置不会下沉，或者向天花板抬起。颈部保持放松，不要抬头但也不要收下巴。

● 在身体向下移动时，胸口应当落到双手的正中央。肘部不要过度向两侧打开，与身体保持30~45度的夹角。身体在下降时应当保持直线形姿势，整个身体一起移动（图b）。

● 在胸部完全触碰到地面后，发力将身体推回至起始位置，并重复动作。

动作变化

如果做完整的俯卧撑难度较大，可以选择将双手放置在长凳或跳箱上进行上斜俯卧撑练习。支撑物的高度越高，俯卧撑的难度就越小。

第六章
引体向上专项训练动作的变式

挂杠

挂杠对于连 1 个标准的引体向上都做不了的人有很大的帮助。

动作要点

● 跳起稳稳抓住单杠或手柄，上臂肌肉可以不发力，由背部肌肉主动发力使肩胛内收和下回旋。这时肩部的牵拉感会明显减少，且胸部和头部会微微挺起上抬。收紧全部核心肌群，让身体尽量不产生任何摆动。

● 维持这个姿势 30 秒或更长时间，然后下来休息一下，再做下一组，组间歇时间尽量不超过挂杠时长的 2 倍。如果做得标准，起初可能连 30 秒都很难坚持下来，不过没关系，尽自己最大努力完成动作即可，2~3 次训练后可尝试延长挂杠的时间。若已经可以轻松地在一次训练里完成 3 组，平均时间在 120 秒以上，那就完全可以进阶到其他专项训练动作了。

水平上拉 / 悬吊绳划船

　　这个动作具备闭链动作的特点，同时由于双脚不离地，负荷减小了不少，双脚在地面也可以更好地协助稳定住身体，从而让目标训练肌群更好地发力。

水平上拉

动作要点

● 双手拉住矮杠（图 a）或悬吊绳（图 c），慢慢向前走到合适的力矩点，挺胸抬头，将身体绷紧呈一条直线。

● 像划船动作一样，背部肌群主动发力将身体向上拉至接近矮杠（图 b）或悬吊绳（图 d）的位置，然后缓慢放松还原至起始位置，始终保持肩胛内收，以此重复。

悬吊绳划船

注意事项

这个训练的最终目标是要做到起始时双臂可垂直于地面，并且背部接近地面，这样才更接近引体向上的力量强度，当然最开始时可以自行调整角度和力矩，循序渐进。建议以可以完成 3 组、每次重复 15 次为目标递进，以周为训练周期（1 周训练 3~4 次），当可以轻松以标准力量强度完成 3 组、每组重复 20 次以上时，可以尝试进阶到下一个专项动作。

弹力带辅助引体向上

弹力带辅助引体向上作为正式引体向上之前的辅助专项动作非常有必要，这个训练可以让身体更准确地找到引体向上的标准发力方式。

动作要点

● 首先先将弹力带固定在单杠上。最好可以借助蹬踏的物体来抓住单杠，然后将弹力带垂下来的另一头固定在腿部（图 a）。

● 一切都固定好后，就可以按照正常的做引体向上的方式做动作了（图 b）。这个训练可以每组重复 15 次为标准，每次训练 3~5 组；如果每组都能重复 15 次以上，就可以尝试下一个专项训练动作了。

注意事项

弹力带的阻力不要过大，基本上拉伸强度为自重的 15%~25% 即可。如果弹力带给予的帮助过大，绝大部分都是靠弹力带拉上去的，做这个专项训练动作的意义就不大了。

离心引体向上

当能力达到几乎可以做标准的引体向上时再做自重的离心引体向上就会更安全、更有效。离心是在肌肉持续拉长时发力,这比向心发力要难,对目标肌肉的力量也有一定的要求,如果目标肌肉的力量水平过低,则有拉伤肌肉的风险。离心训练可以更好地增强对目标肌肉的控制,可以募集更多神经元参与,对于之后可轻松多次完成标准的引体向上有很大帮助。

动作要点

● 向心阶段不需要目标肌群主动发力,可以直接跳起至头部过杠并抓杠,但需要瞬间收紧背部和核心肌群,让身体短暂停留在这个位置并迅速控制平衡(图 a)。

● 然后目标肌群主动发力,在3~5 秒内缓慢地将身体下降至手臂几乎完全伸直(图 b、图 c),再松手落地,以此重复。

注意事项

这个训练可以每组重复 8~12 次为标准,每次训练 3 组,但 1 周内最好不要训练超过 2 次,因为目标肌群在离心训练后需要很长的时间来恢复。

引体向上

在练完弹力带辅助引体向上后，就可直接尝试标准的引体向上了，离心引体向上训练可以作为辅助专项训练，和标准的引体向上同时进行。

动作要点

● 最开始可以每组重复 5 次为目标，不用把重复次数目标定得过高，首先要保证较高的动作质量。

● 当可以完成 6~8 组、每组重复 5 次，组间歇时间在 40 秒以内时，可以尝试增加到完成 3~4 组、每组重复 8~10 次，也就是最高总量不变，组数减少，每组重复次数增多。

● 当可以轻松完成 3~4 组、每组完成 10 次，组间歇时间不超过 90 秒时，可以再次尝试将组数增加至 6~8 组，每组重复次数不变。

● 后续以此种方式递增每组重复次数和组数。

负重引体向上

负重引体向上是针对提高上拉时的相对力量的进阶训练，其原理在于如果具备可以拉起比自重更大负荷的力量，再拉自重时自然会变得更轻松。但要注意的是，在训练负重引体向上时不要一味追求增长绝对力量，最好同时增强肌肉耐力。

动作要点

● 这里首先讲解可以开始进行负重引体向上的标准。当可以标准地完成每组重复 10 次以上的自重引体向上的时候即可尝试进行负重引体向上（图 a、图 b）。

● 最开始可以自重的 10% 的配重为起点，做 5 次 5 组，组间歇 3 分钟。连续训练 2 周后（每周训练 2~3 次），可尝试不增加重量，增加每组重复次数至 8 次，还是做 5 组。同样以 2 周为一个训练周期，以此类推，可以 3 次为递进标准。当以同样的负重完成 15 次 5 组的时候，可以尝试再增加自重的 10% 的负重，同样达成之前的训练周期、训练组数和每组重复次数标准，以此类推。当然，人体是有极限的，最终能负重多少还是要看自身的极限水平，以及想达到引体向上专项动作的能力标准，但有个最基本的原则就是不要让身体产生任何不适甚至疼痛。对于非职业竞技运动员来说，健康是任何训练的唯一前提。

CHAPTER

07

第七章
引体向上的训练计划

本手册的第五章和第六章都在讲引体向上相关的必要训练动作，但任何一个训练动作都不能孤立地帮助某一个专项复合训练动作，必须把它们按照体能训练的原则有效地组合在一起才能真正达到训练目的。本章将介绍利用这些训练动作实现引体向上的训练计划，如果说训练动作是血肉和躯壳，那么训练计划就是思想和灵魂。

本章的训练计划分为 3 个训练周期，分别为"力量储备期""复合功能性提高期""专项动作提高期"。有不同引体向上训练目的的训练者，既可以将 3 个训练周期视为一个循序渐进的整体，又可以将每个周期独立作为一个单独的训练周期。"力量储备期"适合新手训练者；"复合功能性提高期"适合已经能自主做引体向上，但能力还不强的训练者；"专项动作提高期"适合想在引体向上动作上展现一定能力的训练者。下面我们主要针对两类人给出更为具体的周期训练计划参考。一个是针对"零基础"人群，帮助他们实现从完全不能做引体向上到可以做 8~10 次的引体向上的训练计划；另一个是针对有一定引体向上能力的人群，帮助他们提高引体向上水平的训练计划，即进阶版周期训练计划。

为了方便实际操作，所有的训练计划都假设在专业健身房以外的运动场景实施。所需要的设备主要有高单杠、低单杠、弹性训练带、弹性阻力带、悬吊绳。弹性训练带和弹性阻力带都很容易在网上买到，两种单杠在户外的全民健身场所中随处可见。下面介绍使用简单工具的引体向上训练计划。

零基础人群引体向上周期训练计划

专项力量储备期（第一阶段）（3 周）

训练周期作息比：训练 3 天，休息放松 1 天（3：1）

　　本阶段的训练主要针对无法完成 1 次引体向上动作的人群。其设置为先提高与引体向上动作相关的肌肉和核心肌群的力量水平，以提高身体近端正确发力和拉力相关的肌肉耐力为主要目的。4 天为一个训练周期。

第一天

热　　身　墙壁下压　5 次深呼吸（第 52 页）

跪姿胸椎旋转　8 次 / 侧（第 44 页）

肩胛骨弹力带展开　12 次 × 2 组（第 20 页）

训　　练　悬吊绳（水平）上拉　15 次 × 4 组（第 75 页）

悬吊绳肱二头肌臂弯举　15 次 × 4 组（第 81 页）

平板支撑　45 秒 × 4 组（第 87 页）

俯卧 Y-W 动态挺身　15 次 × 4 组（第 91 页）

i

第一天训练说明

整个训练的 4 个动作既可以组合组的方式训练，也可以每个动作作为独立组进行训练。组合组可以"悬吊绳（水平）上拉"和"平板支撑"为一组，"悬吊绳肱二头肌臂弯举"和"俯卧 Y-W 动态挺身"为一组，一个组合组的两个动作之间可以无间歇地连续做，两个动作都做完后休息 1 分钟再做第二组，直到把 4 组全部做完，再做下一个组合组，第二个组合组的训练间歇节奏同上。每个动作也可以独立作为一组，一个动作做完全部 4 组后再做下一个动作，"悬吊绳（水平）上拉"作为第一个动作，组间歇时间为 90 秒； "悬吊绳肱二头肌臂弯举"为第二个动作，组间歇时间为 60~90 秒；"平板支撑"为第 三个动作，其组间歇时间不超过平板支撑的组间歇时间；"俯卧 Y-W 动态挺身"为第四 个动作，组间歇时间不超过 1 分钟。

第二天

热　身　小臂筋膜球放松　40 秒（第 34 页）

　　　　　猫 / 牛式拉伸　15 次（第 54 页）

训　练　抓杠悬垂　30 秒 × 10 组（第 97 页）

　　　　　仰卧 V 字折叠　15 次 × 10 组（第 96 页）

第三天　同第一天

第四天

主动休息放松　上背部筋膜球放松　1 分钟（第 35 页）

　　　　　　　　背阔肌泡沫轴放松　1 分钟（第 36 页）

　　　　　　　　胸椎泡沫轴伸展　1 分钟（第 37 页）

　　　　　　　　以上 3 个动作循环 2 次

　　　　　　　　　跪姿胸椎伸展和背阔肌拉伸　1 分钟（第 45 页）

　　　　　　　　猫 / 牛式拉伸　1 分钟（第 54 页）

　　　　　　　　以上 2 个动作循环 3 次

专项力量储备期（第一阶段）训练说明

4 天一个循环，以此重复 3 个循环后，若已经可以轻松驾驭每天的训练，则可以尝试所 有训练的进阶动作，进阶动作的递进规律都是以 3 个小训练周期为标准的。以悬吊绳（水 平）上拉动为例，若在完全水平的角度可以每组重复 15 次以上，则可以尝试其进阶动作。

专项功能性力量（第二阶段）（2周）

训练周期作息比：训练 3 天，休息放松 1 天（3：1）

　　本阶段的训练已经过渡到引体向上专项功能性力量训练，更接近于引体向上动作的训练，只是以助力的方式降低了负荷，以进一步提高专项力量能力和核心稳定能力。4 天为一个训练周期。

第一天

热　　身　　背阔肌泡沫轴放松　30 秒（第 36 页）

　　　　　　　上背部筋膜球放松　30 秒（第 35 页）

　　　　　　　小臂筋膜球放松　30 秒（第 34 页）

　　　　　　　肩胛骨弹力带展开　12 次 × 2 组（第 20 页）

　　　　　　　鸟犬式　12 次 / 侧 × 2 组（第 24 页）

训　　练　　训练带助力引体向上　8 次 × 8 组（第 74 页）

　　　　　　　反握屈臂悬垂　40 秒 × 5 组（第 95 页）

i

第一天训练说明

需要完成第一个训练动作的组数后再做下一个动作，即先做训练带助力引体向上，再做反握屈臂悬垂。训练带助力引体向上的组间歇时间为 90 秒，每个动作的上拉过程用 1 秒，下降过程用 1~2 秒；反握屈臂悬垂的组间歇时间为 1 分钟。

第二天　　同第一天

第三天

热　身　小臂筋膜球放松　40 秒（第 34 页）

　　　　　鸟犬式　15 次 / 侧 × 2 组（第 24 页）

训　练　悬垂举腿　15 次 × 10 组（第 89 页）

　　　　　俯卧 Y 字上抬　15 次 × 10 组（第 94 页）

第三天训练说明

2 个训练动作循环进行，做 1 组悬垂举腿再做 1 组俯卧 Y 字上抬，2 个动作之间无间歇，在做完 1 组 2 个动作后休息，休息时间不超过 1 分钟，然后开始下一组循环。

第四天

主动放松休息　小臂筋膜球放松　1 分钟（第 34 页）

　　　　　　上背部筋膜球放松　1 分钟（第 35 页）

　　　　　　背阔肌泡沫轴放松　1 分钟（第 36 页）

　　　　　　以上 3 个动作循环 2 次

　　　　　　骆驼式拉伸　1 分钟（第 47 页）

　　　　　　手腕放松　1 分钟（第 50 页）

　　　　　　婴儿式 + 侧向伸展　1 分钟（第 51 页）

　　　　　　站姿胸肌拉伸　40 秒 / 侧（第 53 页）

　　　　　　以上 4 个动作循环 2 次

i

专项功能性力量（第二阶段）训练说明

训练 2 周后，即可测试是否可以独立完成引体向上动作，以可以完整地完成 1 次标准的引体向上为测试标准（上拉时下巴过杠，并能稳定主动地下放至起始位置）。若依然无法完成，则可以继续做 2 个周期的本阶段的训练，但在练习训练带助力引体向上时要将训练带的负荷尽可能调小。

　　2 个周期后再进行引体向上动作测试。当可以完整地完成 1~3 次标准的引体向上时，可以做 1~2 个引体向上 × 10 组的训练，每组之间休息不超过 20 秒，以此种方式无间断地每天做，每做 3 天后可尝试每组增加 2 次重复次数，组间歇时间增加 10 秒。以此类推，直到可以独立完整地做到每组能完成 5 次引体向上时，则可以进入下一阶段的训练。

引体向上进阶版周期训练计划

测试

在开始执行这份训练计划前，你需要清楚自己现在所处的训练水平。这样才能精确地得出自己在这一个月的训练中所需要提高的程度，从而设立一个现实的目标。

有一个很好的办法是做一次最大次数引体向上测试，即测试你能一口气做多少个标准的引体向上。如果暂时还完成不了一个标准的引体向上，则可以选用一个根据自己的能力所能完成的最难的引体向上的变式（例如离心引体向上、弹力带辅助引体向上）来完成这个测试，并将最终结果记录下来。

如果目前任何引体向上的变式对你来说都比较困难，你也可以用最大悬挂时间来测试——在手臂完全伸直的状态下悬挂，或者将自己拉到引体向上的顶端位置进行悬挂，并记录下悬挂时间。

在测试的时候，应确保记录的都是高质量的动作。在最后几次引体向上中出现轻微的借力甩摆是可以接受的，但要保证每次动作都是完整的，即在每次动作底端都将手臂完全伸展开，并在动作顶端时使下巴完全过杆。任何引体向上握法都可以，采用正握、反握还是中立握取决于个人的喜好，重要的是记录和突破自己。

热身

引体向上训练热身

在每次开始引体向上训练前，应先完成以下这套热身。把注意力放在感到僵硬的部位，不要在其他部位浪费太多时间。

泡沫轴 / 筋膜球放松	拉伸	肌肉激活
完成 1 轮下方的动作	**完成 1 轮下方的动作**	**完成 2 轮下方的动作**
◎ 小臂筋膜球放松	◎ 跪姿手腕伸展 10 次	◎ 肩胛骨迷你带飞鸟 10 次
◎ 上背部筋膜球放松	◎ 跪姿手腕屈曲 10 次	◎ 高位下拉迷你带变式 10 次
◎ 背阔肌泡沫轴放松	◎ 跪姿胸椎旋转 10 次 / 侧	◎ 半跪姿单侧迷你带划船 10 次
◎ 胸椎泡沫轴伸展	◎ 跪姿胸椎伸展和背阔肌拉伸 12 次	
◎ 臀部泡沫轴放松	◎ 俯卧胸肌拉伸 10 次 / 侧	
	◎ 骆驼式拉伸 12 次	
	◎ 最伟大拉伸 10 次 / 侧	

力量训练热身

在进行"力量训练 #1"和"力量训练 #2"之前完成这些额外的泡沫轴 / 筋膜球放松、拉伸和肌肉激活练习，以确保你的肌肉做好了准备。

泡沫轴 / 筋膜球放松	拉伸	肌肉激活
完成 1 轮下方的动作	**完成 1 轮下方的动作**	**完成 2 轮下方的动作**
◎ 股四头肌泡沫轴放松	◎ 动态半跪姿股四头肌拉伸 10 次	◎ 自重臀桥 20 次
◎ 腘绳肌筋膜球放松	◎ 青蛙式拉伸 10 次	◎ 鸟犬式 8~10 次 / 侧
◎ 内收肌泡沫轴放松		

主动恢复

在主动恢复前，可以根据自身需要完成一些拉伸和热身。

主动恢复 #1

完成 3~5 次以下的动作循环，每次循环之间可以进行短暂的休息，但休息时间不要超过 1 分钟。

动作循环

每个动作保持 30~60 秒

- 肩胛骨墙壁保持
- 后侧链平板支撑
- "香蕉"静力保持

主动恢复 #2

完成 3~5 次以下的动作循环，每次循环之间可以进行短暂的休息，但休息时间不要超过 1 分钟。在完成动作循环后，继续完成 2~3 轮静力保持，试着完成一个位置的静力保持后直接进入下一个位置的静力保持。如果不行，在每次静力保持之间进行短暂的休息，但休息时间不要太长。

动作循环

- 鸟犬式 8~10 次 / 侧
- 肩胛骨弹力带展开 10 次
- 肩胛骨俯卧撑 10~15 次
- 高位下拉 10~15 次

静力保持

- 顶端保持 15~20 秒
- 中段保持 15~20 秒
- 底端保持 15~20 秒
- 休息 1 分钟

主动恢复 #3

完成 3~5 次以下的动作循环，每次循环之间可以进行短暂的休息，但休息时间不要超过 1 分钟。在完成动作循环后，继续完成 2~3 轮静力保持，试着完成一个位置的静力保持后直接进入下一个位置的静力保持。如果不行，在每次静力保持之间进行短暂的休息，但时间不要太长。

动作循环

每个动作保持 30~60 秒

- 仰卧肩胛骨墙壁保持
- 自重臀桥
- 侧平板支撑（双侧）
- "香蕉"静力保持

静力保持

- 顶端保持 15~20 秒
- 中段保持 15~20 秒
- 底端保持 15~20 秒
- 休息 1 分钟

放松及拉伸

　　以下是在拉伸及休息日中可以做的全身泡沫轴 / 筋膜球放松及肌肉拉伸。选择针对发紧部位的动作，而不需要完成全部动作，除非想进行比较彻底的恢复。有些动作针对的部位是重复的，这只是为了让你有更多的选择来挑选喜欢的动作。

泡沫轴 / 筋膜球放松	拉伸
- 小臂筋膜球放松 - 上背部筋膜球放松 - 背阔肌泡沫轴放松 - 胸椎泡沫轴伸展 - 臀部泡沫轴放松	**动态动作完成 10~15 次 / 静态动作保持 5~10 次缓慢的深呼吸** - 手腕放松 - 婴儿式 + 侧向伸展 - 墙壁下压 - 站姿胸肌拉伸 - 猫 / 牛式拉伸 - 三向脖子拉伸

引体向上及力量训练

引体向上训练

在开始引体向上训练前，应确保已经完成了引体向上训练热身。先完成引体向上训练，再完成辅助训练。

引体向上训练（5组）	辅助训练（4组）
● 离心引体向上 5~8 次	● 引体向上（或其变式）8~12 次
● 休息 2 分钟	● 俯卧撑（或其变式）10~12 次
	● 休息 90 秒

注意：选择能用标准动作完成最低次数要求的变式来完成引体向上和俯卧撑训练，当能够较为轻松地完成次数要求的上限时，便可以选择难度更大的动作变式。

力量训练 #1

在开始力量训练前，应确保已经完成了力量训练热身。完成 4 轮力量训练，每个动作之间的休息时间不要超过 30 秒，每轮之间休息 1 分钟。确保在用高质量的动作完成力量训练的同时，选择使用更有挑战性的重量。

力量训练 #1
● 负重臀桥 8~10 次
● 哥萨克蹲 8~10 次 / 侧
● 单手哑铃划船 10~12 次 / 侧
● 斜板肱二头肌弯举 10~12 次
● 仰卧折叠起 15~20 次
● 俄罗斯转体 15 次 / 侧

力量训练 #2

在开始力量训练前，应确保已经完成了力量训练热身。完成 4 轮力量训练，每个动作之间的休息时间不要超过 30 秒，每轮之间休息 1 分钟。确保在用高质量的动作完成力量训练的同时，选择使用更有挑战性的重量。

力量训练 #2
● 高脚杯深蹲 8~10 次
● 悬吊绳划船 8~10 次
● 高位下拉 10~12 次
● 站姿哑铃上推 10~12 次
● 罗马椅挺身 12~15 次
● 悬垂举腿 12~15 次

递进训练

在开始递进训练前，应确保已经完成了力量训练热身。

从第一轮开始时，每个动作重复 1 次，在第二轮中每个动作重复 2 次，以此递增至每个动作重复 10 次，之后再递减回每个动作重复 1 次。如果有需要，可以在每轮之间休息，休息时间不超过 30 秒。

递进训练
1-10-1 引体向上
1-10-1 俯卧撑
1-10-1 波比跳

完成递进训练之后进行泡沫轴 / 筋膜球放松及拉伸。

注意: 尽可能用最难的动作变式完成训练; 可以用较难的动作完成重复次数少的训练轮; 用较简单的动作完成重复次数多的训练轮。例如, 在第 1~5 轮完成标准正握引体向上及俯卧撑, 在第 6~10 轮更换为弹力带辅助引体向上及上斜俯卧撑。总之, 要不断挑战自己。

31 天引体力量训练

第 1 天	第 2 天	第 3 天	第 4 天	第 5 天	第 6 天	第 7 天
测试 + 引体向上训练	主动恢复 #1	泡沫轴 / 筋膜球放松及拉伸	力量训练 #1	主动恢复 #2	泡沫轴 / 筋膜球放松及拉伸	主动恢复 #3

第 8 天	第 9 天	第 10 天	第 11 天	第 12 天	第 13 天	第 14 天
主动恢复 #1	递进训练	泡沫轴 / 筋膜球放松及拉伸	主动恢复 #2	力量训练 #2	泡沫轴 / 筋膜球放松及拉伸	主动恢复 #3

第 15 天	第 16 天	第 17 天	第 18 天	第 19 天	第 20 天	第 21 天
测试 + 泡沫轴 / 筋膜球放松及拉伸	主动恢复 #1	引体向上训练	泡沫轴 / 筋膜球放松及拉伸	主动恢复 #2	力量训练 #1	主动恢复 #3

第 22 天	第 23 天	第 24 天	第 25 天	第 26 天	第 27 天	第 28 天
递进训练	主动恢复 #1	泡沫轴 / 筋膜球放松及拉伸	力量训练 #2	主动恢复 #2	泡沫轴 / 筋膜球放松及拉伸	主动恢复 #3

第 29 天	第 30 天	第 31 天
主动恢复 #1	泡沫轴 / 筋膜球放松及拉伸	测试

作者简介

方旭东

"向上吧，中国！"全国全民引体向上大赛发起人、组织策划者，"科学健身指导平台""吃动平衡，走向健康"等部委项目组专家，中华预防医学会健康传播分会委员。参与第九套广播体操、广场舞等科学健身方法的创编推广工作。编著和译著了《跑步笔记》《跑步运动解剖学（第2版）》《百年奥运逸事》《世界著名体育赛事》《世界著名足球队》等。

刘佳

资深体能训练、健康管理专家，美国国家体能协会注册体能教练（NSCA-CSCS），美国运动医学会（ACSM）认证注册教练，美国运动委员会（ACE）认证注册教练，"肌力传导"训练体系创始人，GUMP WELLNESS 创始人，明星私教。

高延松

匹兹堡大学运动科学学士，英属哥伦比亚大学运动学硕士。曾任匹兹堡大学女子篮球队体能教练助理，匹兹堡大学神经肌肉研究室科研助理。曾服务于国家体育总局训练局。主要研究方向为力量训练、快速伸缩复合训练、运动生理学。

在线视频访问说明

本书提供了部分训练动作的在线视频，可通过微信"扫一扫"，扫描第三~六章章首页或本页的二维码进行观看。

● 步骤1

点击微信聊天界面右上角的"+"，弹出功能菜单（图1）。

● 步骤2

点击弹出的功能菜单上的"扫一扫"，进入该功能界面，扫描第三~六章章首页或本页的二维码。

● 步骤3

如果您未关注微信公众号"人邮体育"，扫描后会出现"人邮体育"的二维码。请根据说明关注"人邮体育"，并点击"资源详情"（图2），观看视频（图3）。如果您已关注微信公众号"人邮体育"，扫描后可直接观看视频（图3）。

图1

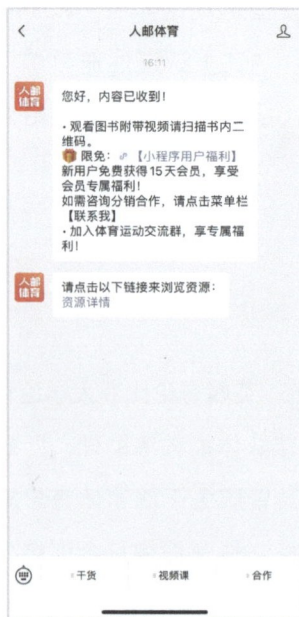

图2

图3